Christian Sieg/Axel Esser
Auto-Business made in USA
Clevere Marketingideen aus dem Land
der unbegrenzten Möglichkeiten

Christian Sieg/Axel Esser

Auto-Business made in USA

Clevere Marketingideen aus dem Land der unbegrenzten Möglichkeiten

training und beratung

Reuterstraße 116
53129 Bonn
fon 02 28 - 9 15 36 - 0
fax 02 28 - 9 15 36 - 60

Dieses Werk will Ihnen Anregungen geben,Tips und Hinweise liefern, die Angaben sind nach bestem Wissen zusammengestellt, jedoch kann weder vom Verlag noch vom Autor irgendeine Haftung für die Richtigkeit des Inhaltes übernommen werden. Da insbesondere im Wettbewerbsrecht Rechtsprechung und Gesetzgebung starker Veränderung unterworfen sind, empfehlen Verlag und Autor die jeweils aktuelle Rechtslage von einem Rechtsberater prüfen zu lassen.

Die Deutsche Bibliothek - CIP-Einheitsaufnahme

Sieg, Christian:
Auto-Business made in USA : clevere Marketingideen aus dem Land
der unbegrenzten Möglichkeiten / Christian Sieg / Axel Esser. -
Ottobrunn : Autohaus, 1998
 ISBN 3-89059-078-0

© 1998 AUTOHAUS Verlag GmbH, Alte Landstraße 8-10, 85521 Ottobrunn
Ein Unternehmen der Bertelsmann Fachinformation

Umschlaggestaltung: Vierthaler & Braun Grafikdesign, München
Satz: Conrad Neumann, München
Druck und Bindung: Wiener Verlag, Himberg

ISBN 3-89059-078-0

Inhaltsverzeichnis

Vorwort

Vor einigen Jahren hörten wir erstmals von einem System in den Vereinigten Staaten von Amerika, welches unsere besondere Aufmerksamkeit erzeugte: die Twenty Groups. Damals machte uns Albert Still, Vorstandsvorsitzender der AVAG Holding in Augsburg auf dieses System aufmerksam. Wir führten gerade ein großangelegtes Trainingsprojekt für die Autohäuser der AVAG zum Thema Kundenzufriedenheit durch, als Albert Still von diesen Twenty Groups berichtete und uns die Vorzüge dieses Veranstaltungskonzeptes schilderte. Er selbst hatte auf Grund seiner eigenen Tätigkeit in den USA dieses Konzept schon früh kennengelernt und an verschiedenen solcher Treffen teilgenommen. – Albert Still war es, der uns mit der NCM Association Inc, im Staate Missouri bekannt machte und die ersten Kontakte herstellte. – Wir reisten in der Folge einige Male in die USA, um das 20er Gruppen-Konzept besser kennen- und die Moderatorenarbeit zur Leitung solcher Gruppen zu erlernen. Im Jahre 1995 schloß die concept c2, training & beratung, deren geschäftsführender Gesellschafter Christian Sieg ist, nach zähen Verhandlungen mit der NCM einen Exclusivvertrag zur Durchführung dieses Systems in Europa. Im Folgejahr 1996 führten wir dieses System in Deutschland ein und führen es heute nicht nur im Automobilhandel, sondern auch in der Versicherungsbranche erfolgreich durch.

Die im Buch dargestellten Ideen stammen allesamt aus den USA und wurden dort von Inhabern und Geschäftsführern in Ihren Betrieben umgesetzt. Wir möchten die deutschen Unternehmer in der Automobilbranche auffordern, einmal über den Tellerrand hinaus zu schauen und sich aus diesem Buch viele Anregungen für Ihre eigene Tätigkeit zu holen.

Besonderen Dank sei an dieser Stelle nochmals Herrn Still gesagt.

Christian Sieg   Axel Esser

Bonn, Juni 1998

1 Autoland Amerika

1.1 Erste Eindrücke im amerikanischen Autohaus

Was macht das „amerikanische Autohaus" eigentlich aus? Diese Frage hatte uns sehr beschäftigt, bevor wir das erste Mal einen Betrieb in den USA besuchten. Nun, neben den vielen Autohäusern in den kleinen und mittleren Städten der USA fielen uns vor allem die Automeilen in den großen Städten ins Auge. „Größer, schöner, heller" heißt hier die Devise. Ein Markenhändler Tür an Tür zum nächsten. Ansatzweise kennen wir das ja auch schon aus Deutschland. Doch dort gehören diese verschiedenen Markenhändler oft einer Person oder einer Unternehmensgruppe.

Wenn man einen solchen Betrieb als Kunde betritt, wird man sehr freundlich und hilfsbereit angesprochen. Das tut dort jeder Mitarbeiter, egal, ob Verkäufer, Mechaniker oder Inhaber. Immer und überall ist man der „herzlich willkommene Gast". Viele Häuser haben einen Empfang, an dem eine nette Dame sitzt und sich um die Wünsche der Kunden kümmert.

Eines fiel uns besonders auf: Fragt man eine Mitarbeiterin oder einen Mitarbeiter nach einer Stelle im Haus oder erkundigt man sich nach einer Person, dann wird man von der angesprochenen Person gleich zur richtigen Stelle oder zum Kollegen persönlich begleitet. Niemals würde ein Mitarbeiter mit ausgestrecktem Arm sagen: „Gehen Sie mal da rüber und dann rechts." Unvorstellbar auch, daß man als Interessent lange im Verkaufsraum stehen muß, bis man angesprochen oder begrüßt wird.

Kunden und Verkäufer handeln und feilschen was das Zeug hält. Vielerorts gilt noch der eiserne Grundsatz für die Verkäufer, den Kunden nicht aus dem Hause zu lassen, bevor er unterschrieben hat. Zur Not wird noch der Verkaufsleiter dazu gerufen, um den allerbesten Preis zu nennen. Das kurioseste Beispiel hierzu hörten wir über ein texanisches Autohaus: Hier ertönt bei Kundenunterschrift lautes Rindergebrüll im ganzen Hause und die gesamte Betriebsmannschaft johlt dann gemeinsam mit dem Kunden. Ob das Rindergebrüll auch heute noch ertönt, wissen wir nicht. Doch die Feilscherei hat sich in letzter Zeit vielerorts geändert. So mancher Kunde ging mit einem unguten Gefühl nach Hause, denn er wußte nie genau, ob er auch richtig gefeilscht hatte. – Heute distanzieren sich viele Händler davon und schreiben an Ihre Haustür: „Wir geben Ihnen einen guten Preis, Sie brauchen nicht zu verhandeln!" Hier wird nicht gefeilscht, jeder bezahlt den Preis, der ausgezeichnet ist. Alles läuft ruhiger und harmonischer ab.

Uns fiel in vielen Betrieben auf, daß die Wände im Servicebereich mit Fotos von Kunden bei der Fahrzeugauslieferung gepflastert sind. Hier wird, wenn der Kunde sein Fahrzeug zur Werkstatt bringt, mit dem Foto die Erinnerung an das tolle Ereignis „von damals" wach gerufen. – Die **Wartezone** in amerikanischen Autohäusern ist einer der wichtigsten Bereiche im Haus. Hier kann sich der Kunde wirklich wohl fühlen, denn es mangelt in der Regel an nichts. Er sitzt in Ledersesseln, hat die Tageszeitung zur Verfügung und häufig ein Telefon und Internetanschluß. So „surft" oder „talkt" er sich durch die Wartezeit. Das ist bei den vergleichsweise sehr günstigen Telefongebühren auch nicht sonderlich kostenaufwendig. Bei längeren Reparaturen gibt es einen Shuttle Service, der die Kunden zur Arbeit oder zum Einkaufen bringt und auch wieder abholt. Oberstes Gebot ist es, dem Kunden Bequemlichkeit und Mobilität mindestens so zu erhalten, wie er es sonst gewohnt ist.

Die Öffnungszeiten des Autohauses und der Einsatz des Personals richten sich strikt nach den Gewohnheiten der Kunden. Viele Kunden schauen sich Autos am Wochenende mit der Familie an. Dann arbeiten auch die Verkäufer auf Hochtouren. Da ist kein Platz für Diskussionen um Öffnungszeiten. Natürlich liegt das sicher auch an den anderen gesetzlichen Grundlagen hierfür. Hier wird nicht vorgeschrieben, wann man ein Auto kaufen darf, sondern es gilt der Grundsatz: Wann immer der Kunde kommt, kümmere Dich darum, sonst tut es ein anderer!

Reklamationen und Beanstandungen werden in der Regel so unkompliziert und unbürokratisch wie möglich geklärt. Häufig hat jeder Mitarbeiter ein „Wiedergutmachungsbudget" von circa 100 Dollar, über das er frei verfügen kann. Eigeninitiative, Verantwortung und Entscheidungsfreiheit werden dabei groß geschrieben.

Reparaturen werden in aller Regel schnell und fachgerecht durchgeführt. Die Mechaniker werden nach den Stunden bezahlt, die an Kunden verkauft wurden. Nacharbeiten, sofern sie auf eigene Fehler zurückgehen, arbeitet der Mechaniker quasi in seiner Freizeit nach. Dafür bekommt er keinen Lohn. Er wird damit zum Unternehmer im Unternehmen. Als „echter Unternehmer" bringt jeder Mechaniker auch sein eigenes Werkzeug zur Arbeitsstelle mit. So eine Werkzeugbox eines guten und fortgeschrittenen Mechanikers hat einen Wert von einigen Tausend Dollar, oft finanziert durch eine Bank. Der Betrag, den jeder Mechaniker pro Stunde erhält, ist abhängig von seiner Qualifikation.

Die Entlohnung der Mitarbeiter ist in diesem wie in jedem Bereich, soweit es irgendwie möglich ist, am Profit orientiert. Frei nach dem Motto: Wenn wir hier im Betrieb Geld verdienen, verdienen alle!

1.2   Der amerikanische Automobilmarkt

Betrachtet man die Händlerstruktur auf dem amerikanischen Markt, so stellt man fest, daß im Jahr 1996 „nur" 22.750 markengebundene Automobilhändler existierten. Diese Zahl entspricht in etwa der Anzahl der Händler in Deutschland, jedoch bei einer Bevölkerungszahl von über 360 Millionen. Diese scheinbar geringe Anzahl der Händler erklärt sich aus einem immer noch laufenden Prozeß der Konzentration zur Ausnutzung von Größenvorteilen. Bei dieser Betrachtung muß man allerdings berücksichtigen, daß der amerikanische Händler, und das unterscheidet ihn sehr deutlich von den deutschen Händlern, im Schnitt ca. 2 – 3 Marken vertritt. Die zunehmende Konzentration der Händler auf dem amerikanischen Markt führt dazu, daß heute der Durchschnittshändler mit ca. 45 Mitarbeitern gut 650 Neuwagen verkauft. Dabei erzielt er eine Umsatzrendite von 2 % vor Steuern.

Einen entscheidenden Beitrag zur Renditesteigerung lieferte in den letzten sieben Jahren zunehmend die Abteilung Gebrauchtwagen. Hier kaufen die Händler auf „Auto Auctions" gezielt Fahrzeuge auf und nutzen dabei auch das Preisgefälle in den unterschiedlichen Teilen des großen Landes aus. Die Professionalisierung dieses Bereiches führte in dem erwähnten Zeitraum zu einer Verfünffachung des Gewinnes. Auch in Amerika trägt der Bereich Service den größten Teil zum Unternehmensgewinn bei. In diesem gewinnträchtigen Bereich sehen sich die Markenhändler einer großen Konkurrenz von „Quick-Lube-Betrieben" ausgesetzt, die als Franchiseketten die einfachen Reparaturen insbesondere bei älteren Fahrzeugen sehr preiswert anbieten. Hier ist der Autobesitzer nur noch bei Garantie- oder Spezialarbeiten auf den Fachbetrieb angewiesen. Dabei werden die Serviceansprüche gegenüber dem Autohaus immer größer. Daß Fahrzeuge zu Reparatur und Wartung abgeholt und gebracht werden, ist fast schon gang und gäbe. Diese Erwartungshaltung und das Wissen der Kunden um Preise beim Wettbewerb, verbunden mit einem tiefen Mißtrauen gegenüber den Händlern – wird man nicht doch wieder bei den Preisverhandlungen über den Tisch gezogen? – macht den amerikanischen Händlern zunehmend schwer zu schaffen. Ein Mittel, um in dieser Situation erfolgreich am Markt zu agieren, ist die Schaffung service-freundlicher Kulturen in den Unternehmen, in die die Mitarbeiter mit eingebunden werden. Gleichzeitig steigt aber auch der Leistungsdruck auf die Mitarbeiter, die zunehmend an den Resultaten gemessen und beteiligt werden. Ein negativer Effekt aus dieser Entwicklung ist die hohe Fluktuation beim Verkaufspersonal. Sie liegt bei über 50%.

Ein weiteres Mittel, in einem Markt mit harten Bandagen zu bestehen, ist es, dem Kunden den Automobilbesitz so leicht wie möglich zu machen. Dazu dienen Angebote zu Leasing und Finanzierung, einschließlich einer Versicherung, die die Leasingraten bei Arbeitslosigkeit bzw. Erwerbsunfähigkeit weiter trägt. Das Bemühen um den Kunden zeigt sich insbesondere in den aufwendigen Werbungen über Lokalradiosender und Lokalfernsehen. Bei der Direktansprache der Kunden fokussiert man sich auch auf die Ansprache von Randgruppen. In dem Zusammenhang ist den Händlern die Pflege der Beziehungen im sozialen Umfeld zu Verbänden, Kirchen und Gemeinden wichtig.

Sieht man sich heute amerikanische Betriebe an, so fällt bei der Präsentation die große Anzahl an Neuwagen auf und die Unterteilung nach Themen, z. B. Minivans, Sport Utilities und Pickup's. Diese Fahrzeugkategorien machen mittlerweile über 40 % des Neuwagenverkaufs aus.

Die Automobilindustrie in den USA

Um das Autoland Amerika besser verstehen zu können, möchten wir hier auch die Automobilindustrie in diesem Land ein wenig näher betrachten. In beiden Ländern – USA und Deutschland – stellt dieser Industriezweig, mit allem was daran hängt, einen überaus bedeutenden Wirtschaftsfaktor dar.

Eine Zahl zum Einstieg: Im Jahr 1996 wurden in den Vereinigten Staaten insgesamt über 15 Millionen (15.052.528) Fahrzeuge hergestellt.

Die Anstrengungen der vergangenen Jahre der amerikanischen Autoindustrie haben sich im Erfolg niedergeschlagen. So wurden z.B. 1994 das erste Mal seit 1979 in den USA mehr Fahrzeuge produziert als in Japan (nämlich 16%). Dieser Erfolg hat sich 1995 (18%) und auch in 1996 wiederholt. Ein weiterer Erfolg des US-amerikanischen Marktes besteht darin, daß in den letzten 10 Jahren der Importanteil im amerikanischen Markt von insgesamt 26% in 1986 auf 13% in 1995 gesenkt werden konnte. Dies alles zeigt die Stärke der amerikanischen Autoindustrie insbesondere in den letzten Jahren. Zur Stärkung der weltweiten Wettbewerbsfähigkeit der amerikanischen Automobile, also auch hier in der Bundesrepublik, trägt insbesondere der transatlantische Dialog bei. Hierzu sei gesagt, daß im Dezember 1995 die Clintonadministration und die EU eine neue transatlantische Agenda formulierten. Diese sieht die zunehmende Festigung der ökonomischen Beziehungen vor. Dazu sollen insbesondere die Industriestandards zwischen der EU und den Vereinigten Staaten harmonisiert werden. Innerhalb dieser Bemühungen ist die Autoindustrie ein Sektor mit hoher Priorität. Dies steigert den Export der amerikanischen Automobile aufgrund der zunehmenden Harmonisierung. In der Folge gab es im April 1987 zwischen der US-Industrie und der europäischen Automobilindustrie in Washington eine erste transatlantische Automobilkonferenz zur Angleichung der internationalen Regularien. Insbesondere fallen darunter die Fahrzeugsicherheitsstandards und die zwischen den Regierungen zu vereinbarenden Prozesse der Regulation, die notwendig sind, um die Harmonisierung in der Technik zu erreichen. Weiterhin soll eine Koordination der Bemühungen und Forschungen um die Fahrzeugsicherheit erreicht werden. Auch hierin zeigt sich eine zunehmende Annäherung der Industrien und Märkte im Automobilsektor zwischen den Vereinigten Staaten und der EU, und damit auch eine Annäherung der Bundesrepublik Deutschland und den USA.

Der Stellenwert des Automobils in der Bevölkerung

Das Autoland Amerika wird natürlich auch vom Stellenwert des Automobils in der Gesellschaft der USA bestimmt. Man fährt drüben viel, langsam und gern. Weite Strecken von zwei, drei Stunden Autofahrt zum Kaffeetrinken oder Freundesbesuch für einen Nachmittag sind keine Seltenheit. Autofahren hat Tradition und Geschichte. Zwar ist der typische „Straßenkreuzer" heute weitgehend aus dem Straßenbild verschwunden, dennoch wundert man sich als Europäer über manche Straßenexemplare.

Autofahren in den USA ist relativ preisgünstig, zumindest was die Treibstoffkosten angeht. Natürlich sind auch in den USA, wie in Deutschland, die Preise für Automobile in den letzten 30 Jahren erheblich gestiegen. Hat 1967 das durchschnittliche amerikanische Automobil noch 3.310 Dollar gekostet, so muß man heute 18.565 Dollar dafür bezahlen. Zwar sind in der Zwischenzeit auch die Einkommen und der Wert der Fahrzeuge gestiegen, dennoch mußte 1967 ein Amerikaner zur Anschaffung eines Fahrzeuges 21,1 Wochen bei durchschnittlichem Einkommen arbeiten, um ein neues Fahrzeug kaufen zu können. Heute – mit sehr viel höherem Einkommen als 1967 – muß eine Familie bzw. die Einkommensträger der Familie 22,6 Wochen arbeiten.

Leasing- und Finanzierungsprogramme machen es der amerikanischen Familie möglich, Fahrzeuge zu kaufen, von denen sie früher noch nicht einmal zu träumen wagten. Nicht unerwähnt bleiben soll dabei natürlich auch, daß im Jahr 1994 die durchschnittliche Familie für ein Fahrzeug 25,4 Wochen arbeiten mußte. Damit sehen wir uns der Tatsache gegenüber, daß Automobilfahrzeuge in der Relation zum Einkommen gesehen, preiswerter werden. Seit 1967 sind die Kosten für die Anschaffung eines Fahrzeuges in Relation zum Einkommen gestiegen. Der Trend hat sich seit 1994 umgedreht. Unter dem Druck japanischer und europäischer Importe sind die Preise in Relation zum Einkommen wieder gesunken.

Die Frage, ob ein Fahrzeug letztlich nun teurer geworden ist oder nicht, ist immer noch zu betrachten unter dem Aspekt des ausgesprochen sehr viel höher gewordenen Sicherheitsstandards und des Komforts, den Fahrzeuge heute bieten. Die vielen Extras hat es sicherlich früher in dieser Form noch nicht gegeben. Damit steigt der Preis für ein Fahrzeug, weil der Kunde eben auch wie es heißt „mehr Auto für ein Auto" verlangt. Daneben ist klar, daß Fahrzeuge heute mit vielen anderen Dingen um die Gunst des verfügbaren Einkommens konkurrieren, wie z.B. Videorekorder, CD-Spieler, Reisen und was sich sonst noch an Annehmlichkeiten in den letzten 30 Jahren für Mann, Frau und Kinder entwickelt haben.

14

Insgesamt hat sich die amerikanische Wirtschaft sehr viel positiver im Zeitraum von 1996 bis 1997 entwickelt. Wenn wir dabei das erste Quartal beider Jahre zugrunde legen, so hat sich das verfügbare Einkommen um 6,1% gesteigert und die Rate der Arbeitslosigkeit um 0,2 Prozentpunkte von 6,0% auf 5,8% gesenkt. Damit herrschen in den Vereinigten Staaten im Gegensatz zur Bundesrepublik Deutschland mit ihrer hohen Arbeitslosigkeit nahezu paradiesische Zustände für den Absatz von Fahrzeugen.

2 Die „Twenty Groups" als Erfolgsfaktoren der Autohäuser in den USA

Die Twenty Groups in den USA können auf eine bereits fünfzigjährige Geschichte zurückblicken. In diesen Gruppen – in Deutschland von uns als 20er Gruppen bezeichnet und durchgeführt – treffen sich jeweils maximal 20 Händler (Inhaber oder Geschäftsführer) und vergleichen ihre betriebswirtschaftlichen Daten. Natürlich gibt es auch Betriebsvergleiche – wie bei uns –, die vom Hersteller erstellt werden und in denen der jeweilige Betrieb seine Daten mit den Daten der Kollegen vergleichen kann. Doch hier wie dort ist es ein anonymer Vergleich des einzelnen zum Gesamtdurchschnitt oder zum Durchschnitt von Gruppen bestimmter Händler, zum Beispiel mit vergleichbarer Größenordnung.

Der Vergleich der betriebswirtschaftlichen Daten findet in einem sogenannten Composite statt, welches dem Händler monatlich – auf der Basis der von ihm gelieferten Daten – zur Verfügung gestellt wird. Hier werden alle Mitglieder einer Gruppe aufgelistet und unter ihrem Namen – in der Regel ist es der Vorname der Teilnehmer – sind die jeweiligen betriebswirtschaftlichen Monatsdaten zu finden. Da sieht man, wie hoch sich der Bruttoertrag pro Fahrzeug von Bill, Tom oder James diesen Monat darstellt oder wie die Personalkosten von Karen, Paul oder Pete diesmal liegen. Das sind nur zwei Beispiele aus einer Vielzahl von betriebswirtschaftlichen Fakten, die dort nebeneinander gestellt sind.

Dieses Composite, man könnte es auch einen betriebswirtschaftlichen Gruppenvergleich nennen, wird nun in regelmäßigen moderierten Treffen der Gruppenmitglieder bearbeitet. Man kennt sich also untereinander, häufig hat man Freundschaft geschlossen, und spricht nun anläßlich jedes Treffens über die Zahlen. Natürlich steht keiner der Betriebe zu irgendeinem anderen in der Gruppe im Wettbewerb, da man örtlich weit auseinanderliegt.

Das Besondere der Twenty Groups besteht in der Kombination des monatlichen betriebswirtschaftlichen Gruppenvergleichs und dem regelmäßig dreimal jährlich stattfindenden Erfahrungsaustausch der Teilnehmer.

Bevor wir uns diese Gruppen, wie Sie funktionieren und wie sie den Mitgliedsbetrieben zum Erfolgsfaktor werden, näher anschauen, stellen wir Ihnen einen Beitrag von Pete Lassiter vor, der Ihnen die Geschichte der 20er Gruppen verdeutlichen wird.

2.1 Die Geschichte der Twenty Groups

von Pete Lassiter, CEO[1] NCM Associates, Inc. (im Ruhestand)

Man muß zunächst die Entstehung des Benchmarking betrachten, um die Geschichte und das Konzept der 20er Gruppen richtig zu verstehen. Niemand weiß, wann Benchmarking zum ersten Mal auftrat, doch höchstwahrscheinlich geht sein Ursprung darauf zurück, daß ein Stamm der Menschheit das Rad erfand, dann einen anderen Stamm traf, um zu sehen, wie dort das Rad gebaut wurde; und die Technologie mit nach Hause nahm, um festzustellen, ob man damit das eigene Verfahren verbessern könnte.

Benchmarking, wie wir es heute verstehen, wurde Ende der 80er Jahre ein Modewort, als an Fachhochschulen und Universitäten in den USA begonnen wurde, es in die Wirtschaftsvorlesungen aufzunehmen. Wie bereits oben erwähnt, handelt es sich beim Benchmarking um nichts anderes, als um die Beobachtung der Konkurrenz.

Das Gelernte wird dann mit nach Hause genommen, um zu prüfen, ob seine Anwendung für das eigene Unternehmen ebenfalls lukrativ ist und den Umsatz steigert. Die Unternehmen müssen hierfür nicht notwendigerweise aus der gleichen Branche kommen. Das heißt, daß IBM Volkswagen besuchen könnte. Volkswagen könnte Amoco treffen und Amoco wiederum könnte Lufthansa besuchen. Es gibt hier keine Regeln.

Und übrigens sind die Japaner die Meister auf dem Gebiet des Benchmarking, obwohl der Rest der Welt aufgeholt hat und die Japaner nicht länger den großen Benchmarking-Vorteil besitzen, den sie früher hatten.

---

[1] CEO steht für chief executive officer, man könnte es mit dem deutschen Titel eines Generaldirektors gleichsetzen

Die folgende Beschreibung erklärt, was gemeint ist. Wenn ein westliches Unternehmen einen Benchmarking-Besuch abhielt, kam gewöhnlich nur eine Person. Diese Person beobachtete das ganze Geschehen, sammelte Daten und fuhr dann mit einem Bericht nach Hause. Die Japaner hingegen sandten zu einem Benchmarking Besuch ein aus zehn Personen bestehendes Team, in dem jeder eine Kamera und ein Mini-Aufnahmegerät hatte. In der Nacht nach einem Tag voll Beobachten, Daten sammeln (sowohl auf Band als auch in geschriebener Form) und Fotografieren versammelte sich das Team in einem Hotelzimmer und arbeitete bis spät in die Nacht. Sie erzählten sich gegenseitig, was gehört und gesehen wurde und diskutierten alles bis ins kleinste Detail, bis sie sicher gehen konnten, daß es jeder ganz genau verstanden hat. Dann nahmen sie die in der Gruppe gesammelten Erkenntnisse mit nach Hause, setzen sie dort ein, wo es nötig erschien, und manchmal schlugen sie das Gastunternehmen mit seinen eigenen Waffen.

Auch wenn die 20er Gruppe das Benchmarking nicht erfunden hat, so brachte sie es doch auf ein Niveau, das von allen „Outsidern" beneidet wird. Eine 20er Gruppe ist ein Konzept, welche auf dem Benchmarking beruht. Wie begann das alles?

Vor dem Zweiten Weltkrieg gab es in den USA sehr viele Holdingunternehmen, die Automobilhäuser besaßen. Diese waren im Handel als Handelsketten bekannt. Nach dem Krieg, als die drei größten Automobilhersteller einen Boom verzeichneten und alle Trümpfe in der Hand hielten, wurde beschlossen, die Handelsketten abzuschaffen, so daß das Geschäft direkt zwischen dem „Hersteller" und dem „Händler" getätigt werden konnte.

Eine der Ketten, die auf diese Art aufgelöst wurde, war eine Gruppe von Ford Händlern, die im gesamten Mittleren Westen mit Hauptsitz in Kansas City, Missouri, ansässig war. Nach einiger Zeit stellten diese Einzelhändler fest, daß sie die von der Handelskette garantierte Gemeinschaft vermißten und ganz besonders den Vorteil, sich gelegentlich zu treffen, um sich über Finanzen auszutauschen und um Probleme zu lösen. Daher wurde 1947 eine lose Organisation dieser Händler gegründet, und man stellte eine Person ein, die Finanzdaten der Händler zusammentrug und diese in einem statistischen Monatsvergleichsbericht zusammenfaßte. So entstand das Konzept der 20er Gruppen; doch erst 1956 festigte sich diese lose Organisation, indem sie Verordnungen verabschiedete und die erste 20er Gruppe unter der Schirmherrschaft eines Managementberatungsunternehmens gegründet wurde. Dieses Unternehmen ist jetzt NCM Associates Inc, deren Hauptsitz immer noch Kansas City ist.

Alle 125 NCM 20er Gruppen arbeiten autonom, jedoch mit einer Gruppensatzung, die von Gruppe zu Gruppe leicht abweicht. Die Mitglieder der Gruppe – normalerweise 20 – treffen sich dreimal im Jahr für eine Dauer von jeweils mindestens 15 Stunden. Der aktuellste statistische Monatsvergleichsbericht, das sogenannte Composite, das 25 Seiten umfaßt und bis zu 30.000 Einträge beinhaltet, wird von den Mitgliedern herangezogen, um ihre jeweiligen Finanztransaktionen sowohl untereinander, mit dem Durchschnitt der Gruppe und mit dem Referenzwert des Gruppenbesten zu vergleichen. Die Mitglieder lösen auch als Teil dieses Benchmarkprozesses Probleme, die während dieses Prozesses zum Vorschein kommen.

Interessanterweise gründete ein Managementunternehmen in Portland, Oregon, zur gleichen Zeit, als die erste NCM Gruppe öffentlich auftrat, die erste 20er Gruppe von Buickhändlern. Dies geschah unabhängig von dem, was NCM tat. Daraus geht eindeutig hervor, daß es nur eine Frage der Zeit war, daß das Konzept der 20er Gruppen ins Leben gerufen wurde, was dann ja auch geschah. Das Unternehmen aus Portland ist nicht mehr im Geschäft der 20er Gruppen tätig, und NCM übernimmt jetzt die Dienstleistungen für die erste Buick-Gruppe.

Mitte der 60er Jahre erkannte die National Automobile Dealers Association, die mit dem ZDK in Deutschland vergleichbar ist, den Wert des Konzepts der 20er Gruppe und fragte bei NCM an, wie sie ihre eigenen Gruppen gründen könnte. NCM stellte der NADA Schulung und Ausbildung zur Verfügung, da man erkannte, daß die Mitglieder (Händler) der 20er Gruppen bessere Wettbewerber sind. Und jetzt haben sie einen eigenen Bereich, der sich um Händler der 20er Gruppen kümmert.

Nach Schätzungen gibt es in den USA etwa 300 20er Gruppen von Händlern, die Managementberatung von vier Unternehmen erhalten, von denen NCM als führendes Unternehmen anerkannt ist. Die Mitgliedschaft insgesamt beträgt zwischen 5500 und 6000 Händlern und umfaßt damit 20-25 % aller Händler in den USA.

2.2 Wie funktionieren Twenty Groups ?

Sie haben gesehen, daß man in den USA auf eine lange 20er Gruppen-tradition zurückblicken kann. – Wir trafen einmal auf einem unserer Besuche Dick Shall, einen Ford-Händler in der Nähe von Kansas-City, und er vermittelte uns auf besondere Weise seine Sicht der Twenty Groups. Er erzählte: „Sehen Sie die Falten in meinem Gesicht? Sie sind in vierzig Jahren Automobilbusiness entstanden. Dieser Stuhl, auf dem ich hier sitze, ist der einsamste Platz im Unternehmen. Als Chef hast Du Mitarbeiter im Betrieb, aber keine Freunde. Wem sollst Du von deinen Sorgen und Nöten hier erzählen? Du kannst nicht deinem Verkäufer erzählen, daß Du finanzielle Sorgen hast oder den Serviceleiter am liebsten rausschmeißen würdest. Wem erzählst Du diese Dinge also? Natürlich deiner armen Frau, aber die kann dir zuhören und mehr nicht. Ich bin seit 30 Jahren Mitglied in einer 20er Gruppe, denn dort kann ich erzählen, wenn ich finanzielle Sorgen habe oder wenn ich jemanden am liebsten entlassen würde. Die Gruppe ist meine Familie, die mir bei der Lösung meiner Sorgen und Probleme hilft und die mich stärkt, damit ich hier meine Aufgaben gut erledigen kann."

Dick Shall kennzeichnet mit seinen Worten einen wesentlichen Punkt der Gruppen, nämlich die gegenseitige Hilfe und Unterstützung bei der Lösung von unternehmerischen Problemen. Wir haben eine Vielzahl von Inhabern und Geschäftsführern in den USA gesprochen, die Mitglied in einer der Twenty Groups sind, um ihr Erfolgsgeheimnis herauszubekommen. Denn eines ist sicher: Mitglieder in solchen Gruppen sind wesentlich erfolgreicher als andere Händler. Die folgende Tabelle zeigt einen Vergleich zwischen amerikanischen Durchschnittshändlern der NADA und sogenannten Benchmarkhändlern der NCM.

	Durchschnitts-händler	Benchmark-händler
Umsatz	22.132.521 ,–$	48.269.664 ,–$
Bruttoertrag in %	13,1	13,2
Gesamtkosten in % vom Umsatz	11,1	10,1
Gesamtkosten in % vom Ertrag	84,5	76,6
Nettogewinn in % vom Umsatz	2	3,7
Nettogewinn in % vom Bruttoertrag	15,5	23,4
Umsatz Neuwagen in % vom Gesamtumsatz	57	57,2
Umsatz Gebrauchtwagen in % vom Gesamtumsatz	31,2	30,8
Umsatz Service & Teile in % vom Gesamtumsatz	11,8	12
Werbekosten in % vom Gesamtumsatz	1,01	1
Werbekosten in % vom Bruttoertrag	7,7	7,29
Werbekosten pro Neuwagen	423 ,–$	406 ,–$
Durchschnittsertrag pro Neuwagen	1.384 ,–$	1.489 ,–$
Durchschnittsertrag pro Gebrauchtwagen	1.333 ,–$	1.443 ,–$

Quelle: Dealers Business 1/97

Was macht diese Händler so erfolgreich? Ein Erfolgsfaktor ist ganz sicher die Teilnahme in einer solchen Gruppe. Wichtige Elemente sind hier der betriebswirtschaftliche Gruppenvergleich und die regelmäßigen Treffen.

Betriebswirtschaftlicher Gruppenvergleich

Im Composite werden monatlich die betriebswirtschaftlichen Daten der Mitgliedsbetriebe nebeneinandergestellt. Anders als in herkömmlichen Betriebsvergleichen, bei denen die Daten des Betriebs zu einer anonymen Grundgesamtheit stehen, erfolgt eine direkte Zuordnung von Daten zu bekannten Betrieben. Jeder am Vergleich teilnehmende Unternehmer kann auf einen Blick erkennen, wo er sich im Vergleich zu den anderen Betrieben seiner Gruppe befindet. Daüber hinaus werden die Kosten zum Bruttoertrag und nicht zum Umsatz verglichen („Bruttoertragsanalyse") und jeweils in dieser Relation zum Ausdruck gebracht.

Das Composite enthält weiterhin einen Rangreihenvergleich, einen Gruppendurchschnittsvergleich und Benchmark-Vergleich.

Innerhalb des Rangreihenvergleichs kann jeder Teilnehmer für sich die Frage beantworten, wo er in richtigen betriebswirtschaftlichen Daten an welcher Stelle der Rangreihe innerhalb der Gruppe steht. Innerhalb der Auswertung erfolgt der Rangreihenvergleich zu über dreißig betriebswirtschaftlich relevanten Fragen. Wenn Sie als Teilnehmer solch eine Unterlage durchblättern, so können Sie auf jeder Seite sofort erkennen, wo sie im Vergleich zu den anderen Ihrer Gruppe stelen. Denn die Stellung innerhalb der Vergleichsgruppe wird auf jeder Seite optisch dargestellt. – Das erste, was die meisten Unternehmer tun, wenn sie ihren neuen Monatsvergleich erhalten, ist, das Composite schnell einmal durchzublättern und auf jeder Seite den Rangplatz zu suchen. Interessanterweise gibt es kaum Betriebe, die immer nur gute oder schlechte Plätze in diesem Vergleich einnehmen. Kaum ein Betrieb ist in all seinen Abteilungen immer nur gut oder immer nur schlecht. Wer im Neuwagenverkauf an der Spitze steht, der rangiert im Leasing irgendwo in der Mitte und steht im Teileverkauf vielleicht auf einem der weniger guten Plätze und umgekehrt. – Es gibt also nicht komplett gute, durchschnittliche oder schlechte Betriebe. Und dies ist für das Funktionieren der Gruppen ein wichtiges Element, denn nur so funktioniert die gegenseitige Hilfe, das voneinander Lernen. Wenn Tom gute Neuwagengeschäfte macht, dann kann er Bill erzählen, wie er diese erreicht. Bill wiederum kann Tom erzählen, wie er zu den tollen Bruttoerträgen im Servicegeschäft gekommen ist. Ein einfaches, aber geniales Prinzip.

Ebenso kann jedes Gruppenmitglied durch den Gruppendurchschnittsvergleich im Composite feststellen, ob es oberhalb oder unterhalb des Gruppendurchschnitts liegt. Hier kann man schnell erkennen, wo man innerhalb der Gruppe denn so steht. Und Sie wissen selbst, es kann schon mal ganz hilfreich sein, seine Position zu erkennen.

Darüber hinaus kann jedes Gruppenmitglied im Rahmen des Benchmark-Vergleichs seine eigenen Daten mit den Besten der Vergleichsgruppe messen. Sie haben im Beitrag von Pete Lassiter gesehen, daß Benchmarking das wesentliche Element im Funktionieren der Gruppen ist. Der uralte Wunsch des Menschen zu sehen, wie das die anderen machen. In diesen Benchmarkdaten fließen alle Daten aller Händler des gleichen Herstellers ein, die in 20er Gruppen organisiert sind. Nehmen wir ein Beispiel: Wenn es zehn GM-Gruppen gibt, die insgesamt hundertachtzig Betriebe umfassen, dann fließen die Daten dieser hundertachtzig Betriebe in die Benchmark. Hinsichtlich des jeweiligen betriebswirtschaftlichen Kriteriums fließen aber dann nur die Daten des oberen Viertels als Durchschnittszahl ein. Somit haben dann die zehn GM-Gruppen die gleichen Benchmarkdaten, an denen sich die einzelnen Mitglieder dieser Gruppen orientieren können. Manchmal personifiziert man auch diese Daten und nennt sie den „Mister Success".

Jeder teilnehmende Unternehmer kann auf der Basis dieser Vergleichsmöglichkeiten die betriebswirtschaftlichen Daten jedes anderen Gruppenmitgliedes hinterfragen, neue Erkenntnisse gewinnen und hierdurch selbst zu größeren Erfolgen kommen.

Regelmäßige Treffen der Gruppenmitglieder

Die Teilnehmer einer Gruppe treffen sich dreimal jährlich zu einem strukturierten Erfahrungsaustausch. Wir haben eine ganze Reihe dieser Treffen besucht und konnten uns von deren Arbeit vor Ort überzeugen. Uns fiel besonders die freundschaftliche Atmosphäre und die disziplinierte Arbeitsweise auf. Da reisen ganze Familien zu diesen Treffen an, denn zumindest die Partner der Teilnehmer sind immer dabei und machen ihr eigenes Programm. Aber schauen wir uns den Ablauf eines solchen Treffens zunächst näher an.

Einige Gruppenmitglieder, die den Organisationsausschuß bilden, suchen den Veranstaltungsort und das Hotel aus. Nach dem Motto „Man gönnt sich ja sonst nichts!" reist man im Land der unbegrenzten Möglichkeiten jedesmal an einen anderen schönen Veranstaltungsort und trifft sich in der Regel für drei Tage. Dort geht es nach dem Prinzip Hälfte Arbeit, Hälfte Freizeit zur Sache. Vormittags wird gearbeitet und nachmittags spielt man Golf oder geht auf Besichtigungstour. Der Tag beginnt in der Regel sehr früh mit einem gemeinsamen Frühstück im Seminarraum. Pünktlich um 7.30 Uhr startet man mit der ersten Business Session und arbeitet äußerst strukturiert und effektiv bis zum Mittag, nur von einer kleinen Pause unterbrochen. Dies wiederholt sich an den drei aufeinander folgenden Tagen.

Die Veranstaltungen werden jeweils von einem Moderator und dem jeweiligen Tagungspräsidenten aus dem Kreis der Teilnehmer geleitet, und man achtet sehr darauf, daß der vorgegebene Zeitplan strikt eingehalten wird. Keine ausschweifenden Diskussionen, keine langgezogenen Raucherpausen! Die eigentliche Arbeit besteht aus verschiedenen Elementen: Da ist zunächst die Composite-Bearbeitung, im Rahmen derer eine strukturierte Diskussion über Zahlen und deren Entstehung erfolgt. „Hey Tom, Du hast im März aber mächtig Stückzahlen gemacht. Wie kommt das?", so oder ähnlich lauten die spontanen Fragen der Teilnehmer. Doch es bleibt nicht bei solchen Spontanfragen. Jedes Treffen wird von einer ausführlichen Agenda begleitet, die die Teilnehmer vorab erhalten, und in der der Moderator die Fragen an einzelne Teilnehmer bereits formuliert hat. Denn der Moderator hat im Vorfeld die Zahlen eingehend analysiert und Fragen über Unterschiede und Veränderungen herausgearbeitet, die für die übrigen Mitglieder von Interesse sein könnten.

Weitere Elemente innerhalb der Mitgliedstreffen sind die Spezialthemen, der Gastreferent und die Ideepräsentation.

So wird jeweils ein die Teilnehmer besonders interessierendes Thema zum Spezialthema erklärt und entsprechend ausführlich behandelt. Wir erlebten einmal eine äußerst spannende Behandlung des Themas Gebrauchtwagenbestände bei einer Gruppe von Mercedes-Händlern. Jedes Mitglied hatte zu diesem Treffen eine Liste seiner Gebrauchtwagenbestände mitgebracht, aus der alle möglichen Daten ersichtlich waren. Nicht nur die reinen Fahrzeugdaten, sondern auch der Einkaufspreis und die Standzeit. Es war eine Freude mitzuerleben, wie man hier die Bestände einzelner Teilnehmer durchging, rigoros auseinandernahm und dem jeweiligen Unternehmer entsprechend konsequente Verhaltensempfehlungen mit auf den Weg gab.

Den Gastreferenten eines Treffens bestimmt jede Gruppe selbst. Sehr unterschiedlich sind da die Interessen und die Gäste. So erlebten wir beispielsweise einmal einen Arzt, der zum Thema Streß referierte. Das mag ja nun noch überhaupt nicht ungewöhnlich sein. Ungewöhnlich war jedoch, daß dieser Arzt in einem Clownskostüm auftrat und das Thema als Clown behandelte.

Was uns immer wieder auffiel, wenn wir diese Treffen besuchten, war die große Offenheit der Gruppenmitglieder untereinander. Da wurde jede Zahl auf den Tisch der Gruppe gelegt und darüber gesprochen. Sicherlich ist das auch eine Mentalitätsfrage. Wenn Sie einen Unternehmer in den USA fragen wie seine Geschäfte im letzten Jahr gelaufen sind, wird er Ihnen vielleicht so antworten: „Oh, Klasse! Ich hab` eine Million verdient, das war ein gutes Jahr!" Wenn Sie die gleiche Frage einem deutschen Unternehmer stellen, dann wird er wahrscheinlich anders antworten: „Ach wissen Sie, die Konjunktur läuft ja doch noch nicht so gut. Das Geschäft hätte besser sein können." Das sagt er Ihnen auch, wenn er die gleichen Erträge wie der amerikanische Kollege gemacht hat.

Spannend ist auch zu beobachten, daß sich die Gruppenmitglieder untereinander stark in die Pflicht nehmen und genau darauf achten, daß sich in den Betrieben auch Veränderungen ergeben. Jeder Teilnehmer füllt zum Schluß eines Treffens eine Verpflichtungserklärung aus, in der er genau angibt, was er bis zum nächsten Treffen in seinem Unternehmen verändern will. Eine Kopie dieser Verpflichtungserklärung erhält der Moderator, der die einzelnen Ziele in der Agenda zum nächsten Treffen öffentlich macht. So sieht jeder, wozu sich der einzelne entschlossen hat. Die Gruppe beobachtet sehr genau, ob sich wirklich etwas verändert und es kann auch passieren, daß Mitglieder ausgeschlossen werden, weil sie zu keiner Entwicklung bereit sind. Sie sehen, hier wird man zum Erfolg gezwungen.

Was macht die Twenty Groups so erfolgreich?

Diese Frage ist sicher nicht mit einem Satz zu beantworten. Unserer Meinung nach ist es die Summe aller Teile dieses Systems, die den Erfolg garantiert. Hier hat man etwas geschaffen und 50 Jahre gelebt, was sich aus vielen Einzelfaktoren zusammensetzt und dadurch ein völlig eigenes „Lernsystem" ergibt.

Das Mitglied einer solchen Gruppe kann eine konsequente erfolgsorientierte Sichtweise des Betriebes und der Kostenstruktur vornehmen. Insbesondere kann hier der Unternehmer in einer Gruppe von Gleichgesinnten über seine unternehmerischen Probleme, Fragen und Gedanken sprechen und praktikable Lösungen zur Unternehmensführung finden. Da die Teilnehmer unter Anleitung des Moderators selbst die Themen bestimmen, die sie in den Gruppentreffen bearbeiten, ist eine 100%ige Praxisorientierung gewährleistet. So können unter dem Motto „Wo kann sich das Unternehmen verbessern?" Schwachstellen und Entwicklungspotentiale im eigenen Unternehmen aufgedeckt und der Betrieb zu größeren Erfolgen geführt werden.

Der Unternehmer erhält eine wesentliche Stärkung in seiner Position, er kann betriebswirtschaftliche Zahlen besser als bisher als Führungsinstrument verwenden und ihm wird aufgezeigt, wo und wieviel er zukünftig mehr verdienen kann.

Die 20er Gruppen sind deshalb erfolgreich, weil sie genau überlegten und erprobten Regeln und Strukturen folgen. Hieraus entstehen verbindliche Vereinbarungen für die Gruppenmitglieder. Die Gruppen sind „Gemeinschaften" auf Gegenseitigkeit, die das Ziel haben, größere Erfolge zu erreichen. Was ein Interessent mitbringen muß, ist die Bereitschaft zur Veränderung und zur stetigen Verbesserung. Ein Unternehmer, der meint, Erfolg sei Glückssache und daß die Dinge so sind und bleiben wie sie sind, ist in einer 20er Gruppe nicht gut aufgehoben.

3   Erfolgsideen aus Autohäusern der USA

In diesem Kapitel werden wir Ihnen eine Vielzahl von Ideen aus amerikanischen Autohäusern vorstellen. Diese Ideen betreffen sehr unterschiedliche Bereiche des Autohauses: Neu- und Gebrauchtwagenverkauf, Kundendienst, Teilelager und die Verwaltung. Sie werden feststellen, daß diese Ideen zum Teil sehr unterschiedlich dargestellt sind. Mal erstrecken sie sich über mehrere Seiten, mal beschränken sie sich auf wenige Zeilen. Eines haben diese Darstellungen aber gemeinsam: Sie sind von Inhabern und General Managern (mit unseren Geschäftsführern vergleichbar) verfaßt worden und sind in der Praxis dieser Betriebe erprobt worden. Sie sind somit aus der Praxis für die Praxis.

Wir haben diese Ideen nicht verändert. Sie wurden von uns aus einer Vielzahl von Darstellungen nach verschiedenen Kriterien ausgesucht und für Sie als Leser übersetzt. Wir haben aber bei der Übersetzung versucht, den jeweiligen Stil des Verfassers beizubehalten. Sie werden feststellen, daß manch ein Verfasser zu literarischer Hochform aufläuft, andere wiederum das Schreiben nicht zu ihrem schönsten Hobby gemacht haben. Wir halten das nach wie vor für nebensächlich, denn es geht um die Inhalte und die sollen Ihnen die Möglichkeit geben, Ihre Betriebe, Ihre Abteilungen mit denen der US-Kollegen zu vergleichen. Wenn Sie Altbekanntes entdecken, dann freuen Sie sich, daß der große Bruder drüben auch nicht viel weiter ist als Sie hier in Deutschland. Wenn Sie Unbekanntes und Interessantes finden – und da sind wir sicher, – dann versuchen Sie die dahinterstehenden Erfolgsfaktoren für sich und Ihr Unternehmen zu nutzen. Manches wird für Sie als Leser auch exotisch sein, zum Beispiel so manche Darstellung zu Wettbewerben und Entlohnungssystemen. Erschrecken Sie nicht gleich, und schon gar nicht sollten Sie die Flinte ins Korn werfen nach dem Motto „Das-geht-bei-uns-nicht". Sicher, vieles ist „drüben" anders und so nicht auf unser Land zu übertragen, andere Mentalitäten, andere Gesetze, andere Märkte. Doch das ist noch lange kein Grund, daß es bei Ihnen nicht „clickt" und Sie überlegen, wie diese oder jene Idee in Ihrem Unternehmen umzusetzen ist.

Sicher sind Sie auch neugierig zu erfahren, woher diese Ideen stammen. Nun, sie stammen allesamt aus den sogenannten 20er Gruppen (Twenty Groups), die wir Ihnen im vorhergehenden Kapitel als wichtigen Erfolgsfaktor von 20 Prozent der amerikanischen Händler vorgestellt haben. Innerhalb dieser dreimal jährlich stattfindenden Treffen gibt es jedesmal eine Ideenrunde der Teilnehmer, die natürlich nach amerikanischer Manier als Wettbewerb veranstaltet wird. Jeder Teilnehmer zahlt da erst einmal seine zwanzig oder fünfzig Dollar in den Topf und dann kann der Kampf beginnen.

Jeder Teilnehmer muß eine Idee oder Umsetzungsveränderung, die er in seinem Unternehmen eingeführt hat, den anderen Gruppenmitgliedern so anschaulich präsentieren, daß diese sofort in der Lage sind, dieses System oder diese Veränderung in ihrem Betrieb durchzuführen. Eine weitere Regel für die Ideenrunde lautet auch: Jeder Teilnehmer muß soviel Anregungen bekommen, daß er mit deren Umsetzung mindestens die Kosten des Treffens decken kann. Nun, nach diesen Prinzipien wird in der Runde gearbeitet und die Teilnehmer stellen Ihre Ideen vor. Die beste Idee des Treffens – die Mitglieder bewerten jeden dargestellten Einfall – gewinnt und der Präsentator erhält den Gewinn. – Wir haben selbst einer Reihe solcher Treffen und damit auch Ideenrunden in den USA beigewohnt und häufig Bauklötze gestaunt.

Wir wollen Sie nicht weiter auf die Folter spannen. Schauen Sie sich die Ideen an, und machen Sie sich Ihre eigenen Gedanken. Sie finden am Schluß eines jeden Beitrags eine kurze Kommentierung von uns, die Ihnen helfen soll, das Gelesene noch besser zu verstehen oder einzuordnen.

3.1 Neuwagen-Verkauf

Idee Nr. 1

„Tun Sie, was die 100 besten Automobilverkäufer in den USA tun!"

Eine kleine Philosophie des Neuwagengeschäftes

1. Rufen Sie alle Personen an, die Sie im letzten Monat belieferten.

   A: Fragen Sie: „Was kann ich tun, um meinen Service für Sie weiterhin zu verbessern?

   B: Erfragen Sie die Namen von zwei Personen, die Ihren Service und Ihre Produktpalette ebenfalls beanspruchen können.

2. Fassen Sie bei den Personen nach, die Ihr Produkt innerhalb der letzten 3 Jahre gekauft haben. Rufen Sie täglich 5 Personen an.

3. Versenden Sie täglich 25 Informationsbroschüren an Interessenten und potentielle Kunden.

4. Rufen Sie täglich eine dritte Anlaufstelle an, um Konkurrenten den Rang abzulaufen – Banken, Endverbraucher, Wettbewerber (Ford, Toyota, ... etc.)

5. Gehen Sie Ihre Serviceunterlagen des letzten Jahres noch einmal durch. Nehmen Sie erneut mit 5 Personen Kontakt auf, mit denen Sie bereits zu tun hatten. Besprechen Sie mit ihnen Ihr Dienstleistungsangebot.

6. Führen Sie 3 Probefahrten pro Tag durch. Sagen Sie nicht, daß dies unmöglich ist. Das ist, was die erfolgreichsten Verkäufer tun.

7. Verbringen Sie 30 Minuten am Tag damit, einem anderen einen Gefallen zu tun:

   A: Helfen Sie jemandem, der Ihre Hilfe nötig hat oder machen Sie Menschen, die es momentan gebrauchen können, Komplimente.

B: Senden Sie nette Glückwunschkarten an Personen, über die etwas in der Lokalpresse steht.

C: Seien Sie bei Reifenpannen, u.ä. behilflich.

8. Finden Sie Möglichkeiten, die über die offensichtlichen hinausgehen, um an die örtlichen Geschäftsleute heranzukommen:

A: Nehmen Sie Kontakt mit Banken auf, damit Sie nicht nur Wertpapiere, sondern auch Autos kaufen.

B: Treten Sie mit jeder gemeinnützigen Institution in Ihrer Stadt in Kontakt, um bei deren Ausschreibungen für Autokäufe mitzubieten.

C: Suchen Sie alle Geschäfte im Umfeld von 5-15 Kilometern Ihres Autohauses auf, und gehen Sie mit den Besitzern Ihre Leasing- und Kaufkonditionen durch.

9. Sprechen Sie alle Anrufer und Besucher Ihrer Filiale freundlich an.

Wie? Beherzigen Sie die goldene Regel: „Behandle andere so, wie Du gerne behandelt werden würdest."

A: Begrüßen Sie alle Kunden relativ „neutral" – d.h. weder überfreundlich noch desinteressiert.

B: Machen Sie das Anliegen des Interessenten zu Ihrem Anliegen – nachdem Sie mit den Kunden gesprochen haben. Stellen Sie sich auf die Wünsche der Kunden ein, und versuchen Sie **nicht**, Ihren eigenen Geschmack durchzusetzen. Geben Sie vor, daß der Kunde alles in der Hand hat, daß er der „Macher", Sprecher oder Herr des Geschehens ist. Bewegen Sie sich beim Autoverkauf auf der gleichen Stufe, wie die Kunden.

C: Finden Sie ein nettes Wort für jeden Kunden: Ihr Lächeln, seine Krawatte, etc. sind sehr schön. „Sie haben aber einen ordentlichen Händedruck!" usw.

D: Fragen Sie nicht: „Kann ich Ihnen helfen?", sondern überlegen Sie sich etwas anderes, kreatives, glaubwürdiges, um den Kunden anzusprechen.

10. Rolle/Regel:

- Als erstes müssen Sie sich gut verkaufen.

- Wenn Sie das Vertrauen des Kunden einmal enttäuscht haben, kann kein gutes Verhältnis entstehen. Wenn Sie einem Kunden sagen, daß Sie etwas tun werden, dann TUN SIE ES! Egal, welche Mühen es auch bedeuten mag, preisen Sie Ihr Unternehmen, das Autohaus und den Hersteller an.

In Amerika findet gegenwärtig ein gewaltiger Wandel in Richtung Konservatismus statt: Man besinnt sich wieder auf Werte wie Vetrauen, Qualität und Beständigkeit. Dies sollte dem Verkauf von Autos zuträglich sein. Sie sollten hier zusätzliche Möglichkeiten sehen, und Sie werden – indem Sie SICH SELBST, Ihr AUTOHAUS und IHR PRODUKT verkaufen, mehr $$$$ machen.

Sie sehen, die USA ist das Land der unbegrenzten Möglichkeiten und das Land der Superlative. Dieser Händler scheut nicht davor zurück, seine Regeln als die Regeln der 100 besten Automobilverkäufer zu sehen. – Beim Punkt 4 sind Sie sicherlich stutzig geworden, wenn dort empfohlen wird, eine dritte „Anlaufstelle" anzusprechen. Auf deutsche Verhältnisse übertragen könnte man empfehlen, sich Multiplikatoren zu schaffen, einflußreiche Leute, die den Betrieb weiterempfehlen.

Idee Nr. 2

„Der 10tägige Verkaufswettbewerb"

Ein System für einen schwungvollen Verkaufsstart in den Monat

I Die Zahlung erfolgt „Bar-auf-die-Hand", jedesmal wenn das Ziel erreicht ist.

II Anforderungsprofil des Wettbewerbs

A. Jeder Verkäufer ist ausschließlich eigenverantwortlich. Wenn er das Ziel erreicht, wird er bezahlt, ganz egal, was die anderen machen.

B. Höhe der derzeitigen Prämien

1. Wenn Sie 5 Fahrzeuge in 10 Tagen verkaufen, verdienen Sie $100

2. Wenn Sie ein 6. Fahrzeug verkaufen, erhalten Sie zusätzlich $25

3. Wenn Sie ein 7. Fahrzeug verkaufen, erhalten Sie zusätzlich $30

4. Für das 8. Fahrzeug erhalten Sie zusätzlich $40

5. Für alle weiteren Verkäufe erhalten Sie zusätzlich $50 pro verkauftem Fahrzeug

Es ist vorteilhaft, diesen tollen Wettbewerb am letzten Wochenende eines Monats zu starten, da dies Antrieb erzeugt, der bis in die ersten Tage des Folgemonats anhält.

Dieser Verkaufswettbewerb hilft, den für viele Händler zähen Monatsanfang zu überwinden.

Auch amerikanische Händler kennen das. Der Monat beginnt, und im Verkauf tut sich erst mal, im Vergleich zum Ende des Vormonats, nur wenig. Das Erreichen des Monatsziels entscheidet sich hier wie jenseits des großen Teichs oft erst in den letzten Tagen des Monats; vielleicht erst, nachdem der Chef angesichts der wenigen Abschlüsse mal wieder richtig auf den Putz gehauen hat. Ersparen Sie sich und ihren Mitarbeitern den ganzen Stress. Mit dem „10tägigen Verkaufswettbewerb" gibt Ihnen der Kollege ein wirksames und erprobtes Instrument an die Hand, um mit Aufwind in den neuen Monat zu starten.

Idee Nr. 3

„Wer länger bleibt, verdient auch mehr!"

Ein Vorschlag zur Bindung von Mitarbeitern ans Unternehmen

Nach Angaben des National Dealer Council werden 100% der derzeit tätigen Verkäufer innerhalb des nächsten Jahres ihre Arbeitsstätte wechseln. Hierbei handelt es sich sicher um eine ziemlich grobe Schätzung, aber jeder Einzelfall ist eine sehr teure Wahrheit, mit der wir immer wieder konfrontiert werden. Was muß also ein Verkaufsleiter tun, um die guten Verkaufsberater, in deren Ausbildung Hunderte von Dollars investiert wurden, zu behalten?

In unserem Autohaus haben wir ein aus zwei Teilen bestehendes Programm entwickelt, um gute Mitarbeiter für längere Zeit an uns zu binden. Die folgende Darstellung zeigt die Wege auf, mit denen wir unsere Verkäufer dazu bringen, es sich mehr als einmal zu überlegen, unser Autohaus zu verlassen. Unser Motto lautet: Die Mitarbeiter müssen sich vor Augen führen, wieviel Geld sie einbüßen, wenn sie sich dafür entscheiden, zu gehen.

Beide Programme sind günstig in Einführung und Überwachung und beide beinhalten Vorteile bezüglich der Kostenplanung: Allen Händlern wird ermöglicht, mit ihrem Etat für Gehälter besser zu haushalten und somit eine bessere Kontrolle über ihre Gesamtausgaben zu haben.

Das Betriebszugehörigkeitsprogramm

Alle Verkäufer erhalten einen Zugehörigkeitsbonus, dessen Betrag sich nach der Länge der Betriebszugehörigkeit richtet. Dieser Bonus wird immer dann ausbezahlt, wenn sich das Beschäftigungsverhältnis jährt. Die Urlaubszeit ist – außer in Notfällen – davon ausgeklammert. Der Urlaub wird nicht länger bezahlt, und der/die Betreffende kann sich für ein „auf Wiedersehen" auf der Gehaltsabrechnung entscheiden, wenn er/sie genommene Urlaubswochen bezahlt haben möchte. Die Zeit wird in vollen Wochen verrechnet und wenn Sie möchten, können Sie Ihren freien Samstag anhängen.

Zahlungsschema nach Betriebszugehörigkeit

1 Jahr	$ 500
2 Jahre	$ 700
3 Jahre	$ 900
4 Jahre	$ 1.100
5 Jahre	$ 1.300
6 Jahre	$ 1.500
7 Jahre	$ 1.700
8 Jahre	$ 1.900
9 Jahre und mehr	$ 2.000

Wenn Sie ein Programm dieses Typs anwenden, können Sie mit einem festen Betrag rechnen und die Ausgaben für Ihr Autohaus genau planen. Zusätzlich ist in der Verwaltung der Buchführungsaufwand gering.

Bei jeder Auslieferung eines Neuwagens – wenn es sich um ein kleineres Geschäft handelt – erhält der Verkäufer $ 65 und weitere $ 35 werden für drei Jahre auf einem Sparbuch angelegt. Wenn der Verkäufer am Ende der drei Jahre noch immer im Autohaus beschäftigt ist, erhält er den Betrag, der im ersten Jahr auf diese Weise erwirtschaftet wurde, zuzüglich aufgelaufener Zinsen. Dieser Betrag wird jeweils am 1. Oktober ausgezahlt.

Nach einer Beschäftigungsdauer von 7 Jahren erhält der Verkäufer ohne Wartezeit einmal im Jahr sein Geld. Als zusätzlicher Anreiz, um ihm fortwährend den akkumulierten Bonus vor Augen zu führen, erhält er in jedem Quartal einen Bericht und auf seiner Provisionsabrechnung werden die auf diese Weise erzielten Sparguthaben allmonatlich gesondert ausgewiesen.

Wenn ein Verkäufer das Beschäftigungsverhältnis auflöst, bevor 3 Jahre vergangen sind, verwirkt er das Kapital und die Zinsen. Wenn Sie zum bzw. nach dem 1. Oktober kündigen, nachdem Sie mindestens 3 Jahre für das Autohaus tätig waren, steht Ihnen ein Anteil dessen, was Sie anteilig auf Ihre Betriebszugehörigkeit erwirtschaftet haben, zu. Wenn Sie das Unternehmen nach 7 Jahren verlassen, erhalten Sie Ihre gesamten Ersparnisse. Lesen Sie folgende Tabelle, um das eben Erklärte besser zu verstehen:

Nach Jahr(en):

1	0 Guthaben erhalten
2	0 Guthaben erhalten
3	Guthaben des ersten Jahres erhalten
4	Guthaben des zweiten Jahres erhalten
5	Guthaben des dritten Jahres erhalten
6	Guthaben des vierten Jahres erhalten
7	Guthaben des fünften und sechsten Jahres erhalten

Leider wird in diesem Beispiel zur Verkäuferbindung nicht gesagt, was nach einer siebenjährigen Betriebszugehörigkeit passiert. Geht man davon aus, daß dann der Mitarbeiter sowieso zum Inventar gehört und nicht mehr wechseln wird? Wir konnten das nicht in Erfahrung bringen. – Auch dieses Beispiel zeigt uns aber das Grundprinzip der Ideen amerikanischer Autohausmanager: Es geht um Geld und es ist einfach. Wir in Deutschland dagegen neigen dazu, komplizierte Gebilde zur Mitarbeiterbindung und -motivation zu schaffen, die dann häufig nicht wirksam sind. Das Motto dieses Beispiels ist eigentlich ganz einfach: Treue zahlt sich aus.

Idee Nr. 4

„Jeder Kunde hat auch Nachbarn!"

Ein Programm zur systematischen Markt-bearbeitung

Hat Ihr Verkaufsmanager jemals in einer Verkaufsbesprechung folgende Worte an Sie gerichtet: „Die Geschäfte könnten besser laufen! Wir müssen anfangen, Interessenten zu werben. Von heute an möchte ich 10 Briefsendungen täglich von jedem von Ihnen. Bereiten Sie diese vor und legen Sie sie auf meinen Schreibtisch. Ich werde sie verschicken. Vergessen Sie nicht, 10 Stück täglich. Und keine Entschuldigungen!

So, was tun Sie? Sie beginnen, jeden Tag 10 Postkarten zu schreiben und Sie geben sie ab. Sie machen dies eine Woche lang, 2 Wochen lang, einen Monat lang, zwei Monate lang. Sie senden 200, 300, 400 Briefsendungen – und was passiert? Es kommen keine Interessenten.

Es dauert nicht lange, bis Sie für sich feststellen: „Kundenakquisition über den postalischen Weg funktioniert nicht."

Die Ziele

Nun, wir werden Sie mit einem Briefsystem bekannt machen, das Ihnen nicht nur potentielle Kunden verschaffen wird, sondern auch noch Spaß macht. Können Sie sich das vorstellen? Ein Versand-Programm, dessen Einsatz Spaß macht!

Lassen Sie mich jedoch, bevor wir tiefer in die Materie einsteigen, einige Grundsätze über Briefsendungen festhalten. Es gibt bei Postsendungen bestimmte Dinge, die klar sein müssen.

1. Briefsendungen sind nicht dazu da oder haben nicht zum Inhalt, etwas zu verkaufen.

2. Der Schlüssel zum Erfolg einer wirkungsvollen Briefkampagne ist eine effektive Nachfaßaktion. Sie erzielen den Erfolg nicht über den Brief. Die Resultate rühren aus der darauffolgenden Nachfaßaktion.

3. Verwenden Sie eine gute Adreßliste, wenn Sie Mailings durchführen. Schicken Sie nicht einfach willkürlich Post an Adressen, die Sie aus dem Telefonbuch haben. Mailingaktionen „auf's Geratewohl" sind Zeitverschwendung.

Jetzt werden Sie sich vielleicht fragen, „Nun, wenn sich auf dem Postweg nichts verkaufen läßt und wenn ich zusätzlich noch einmal nachfassen muß, warum lassen wir das mit der Post nicht einfach?" Nun, lassen Sie uns doch einmal die Vorteile der Post für Sie aufzeigen:

Telefonieren Sie gerne ohne Vorankündigung? Wenn Sie so sind, wie die meisten Verkäufer, die ich kenne, verabscheuen Sie diese „Blind-Telefonate". Es ist sehr schwierig, einfach den Hörer in die Hand zu nehmen und irgendeine fremde Person anzurufen, mit der man noch nie vorher irgendwelchen Kontakt hatte. Nun, durch die Briefsendung, die dem Anruf vorausgeht, kennt der potentielle Kunde zumindest meinen Namen. Wenn ich in meinem Brief erwähne, daß „ich Sie in einigen Tagen anrufen werde, um ...", dann ist der Interessent nicht mehr von meinem Anruf überrascht.

Eine kontinuierlich durchgeführte Mailingaktion dient dazu, daß Sie sich täglich potentiellen Kunden namentlich vorstellen, das Eis für das erste Telefonat brechen und Ihnen einen Grund geben, bei dem Interessenten noch einmal nachzufassen. Es ist die Nachfaßaktion, die zu guten Ergebnissen führt. Der Brief ebnet den Weg dazu.

Die Methode

Nun, lassen wir diese Idee für uns arbeiten. Haben Sie jemals ein Fahrzeug an einen Kunden verkauft, der einen Nachbarn hatte, dem der Wagen so gut gefiel, daß er selbst einen haben wollte? Ganz sicher hatten Sie das schon. Wie viele dieser Nachbarn, die auf diese Art und Weise „ganz heiß auf einen neuen Wagen wurden", glauben Sie, ziehen auf eigene Faust los, um einen Neuwagen zu kaufen, von denen Sie nie erfahren haben? Jede Menge, da bin ich ganz sicher.

Ich wette, Sie kennen das alte Sprichwort von den „Müllers, die die Meiers noch übertreffen wollen". Das ist eigentlich immer der Fall. Aber nützen wir das jemals aus? Wir wollen einmal sehen, wie uns das zum Vorteil gereichen kann.

Die meisten Händler haben irgendeine Art örtliches Telefonverzeichnis. Dies ist ein „Kreuz und Quer-Verzeichnis", das die Menschen, die in der Gemeinde wohnen, nach Adressen anstelle von Namen aufführt. Wenn Sie in Ihrem Autohaus kein solches Adreßverzeichnis haben, werden Sie eines in der Stadtbibliothek finden. Das nächste Mal, wenn Sie ein Auto verkaufen – und im Anschluß daran immer – nehmen Sie das örtliche Adreßverzeichnis und suchen die Adresse Ihres Kunden heraus. Die Namen, die oberhalb und unterhalb stehen, sind die Namen der Nachbarn Ihres Kunden.

Setzen Sie einen Brief auf, den Sie jedem davon zusenden. Nehmen Sie einen Stadtplan zur Hand und suchen Sie an die Straße Ihres Kunden angrenzende Straßen heraus. Schreiben Sie die Leute dort ebenfalls an. Jeder, dem Sie einen Neuwagen verkaufen, hat 20 bis 30 oder sogar noch mehr Nachbarn. Schicken Sie diesen einen Brief, dessen Wortlaut folgendermaßen lauten könnte:

Sehr geehrte Frau Schmitt,
sehr geehrter Herr Schmitt,

hiermit möchte ich die Möglichkeit wahrnehmen, mich Ihnen vorzu-
stellen. Ich heiße (Setzen Sie Ihren Namen ein) und arbeite für das
Autohaus (Name des Autohauses) und bin der Verkäufer, der Ihren
Nachbarn, Herrn und Frau Meier aus der Hauptstraße den neuen
(Nennen Sie die Automobilmarke) verkauft hat. Ganz sicher haben
Sie dieses Fahrzeug mittlerweile in Ihrer Nachbarschaft gesehen.

Ich habe mir die Freiheit genommen, diesem Brief eine Broschüre
mit unserem kompletten Sortiment beizufügen, damit Sie sich über
sämtliche Neuwagen und Ausstattungsmerkmale, die wir in unserer
neuen Modellreihe anbieten, informieren können.

Vielleicht haben wir, nachdem wir bereits Familie Meier von unserem Sortiment überzeugen konnten, auch für Sie einen Wagen in
unserem Angebot, der Ihren Wünschen und Vorstellungen entspricht.

Ich werde in einigen Tagen erneut mit Ihnen Kontakt aufnehmen,
um zu klären, ob wir Ihnen bereits heute oder gegebenenfalls in der
nahen Zukunft mit unseren Serviceleistungen behilflich sein können.
Ich freue mich darauf, Sie kennenzulernen.

Mit freundlichen Grüßen

Nun fragen Sie sich einmal selbst: Wenn Sie heute Abend nach Hause
kämen und diesen Brief zusammen mit einer Broschüre in Ihrem Briefka-
sten fänden, würden Sie Ihn lesen? Ich wette, Sie würden es tun. Und
während Sie den Prospekt durchblättern, glauben Sie nicht, daß da der
Grundstein für ein neues Geschäft gelegt werden könnte?

Nachfaßaktion

Drei oder vier Tage nach der Versendung des Briefes, rufe ich den potentiellen Kunden an. Die Unterhaltung wird so ähnlich ablaufen:

Verkäufer: "Guten Tag, Herr Schmitt; Hier spricht (Nennen Sie Ihren Namen) von der Firma (Name des Autohauses). Ich bin der Verkäufer, der Ihnen den Brief zusammen mit dem Prospekt geschickt hat. Haben Sie den Brief erhalten?"

Kunde: „Ja, ich bekam beides gestern!"

Verkäufer: „Hatten Sie Gelegenheit, einen Blick in die Broschüre zu werfen?"

Kunde: „Ja, ich blätterte sie durch."

Verkäufer: „Herr Schmitt, war etwas dabei, das Ihnen gefallen hat?

Kunde: „Ja, das neue Sport Coupé hat mir schon ganz gut gefallen."

Verkäufer: „Sie wissen ja, Herr Schmitt, wenn Sie möchten, kann ich Ihnen in etwa einer Viertelstunde einen solchen Wagen in die Einfahrt stellen."

Kunde: „Oh nein, im Moment möchte ich meinen Wagen noch nicht gegen einen neuen eintauschen."

Verkäufer: „Herr Schmitt, was für ein Auto fahren Sie zur Zeit?"

Kunde: „Ich habe einen 1983er Zorch."

Verkäufer: „Wissen Sie noch, welches Baujahr Sie damals ersetzten, als Sie Ihren 83er kauften?"

Kunde: „Ja, einen '79er!"

Verkäufer: „Heißt das, Sie geben Ihr altes Auto alle vier Jahre gegen einen Neuwagen in Zahlung?" (War das nicht das, was mir der Kunde gerade erzählt hat?)

Kunde: „Ich denke mal schon."

Verkäufer: „Dann ist es ja gar nicht mehr lange hin, bis Sie Ihren Wagen normalerweise eintauschen. Herr Schmitt, darf ich Ihnen eine Frage stellen?"

Jetzt werde ich Sie mit einer Frage bekannt machen, die eine der Fragen mit der stärksten Überzeugungskraft ist, die Sie je einem Kunden stellen können. Diese Frage weckt bzw. verstärkt das Interesse und wird sich sehr gut bezahlt machen.

Sie lautet folgendermaßen:

Verkäufer: „Wie wäre es, wenn Sie in unser Autohaus kämen und sich etwas bei uns umschauen würden? Und während Sie hier sind, könnte es ja sein, daß Sie einen Neuwagen sehen, der Ihnen sehr gut gefällt. Und gleichzeitig könnten wir Ihnen aufzeigen, wie Sie sich den Wagen in ihrem finanziellen Budget bequem unterbringen können. Wären Sie zumindest daran interessiert, heute Ihren Wagen gegen einen anderen in Kommission zu geben?"

Denken Sie einmal über diese Frage nach. Sind Sie jemals zur Arbeit in Ihr Autohaus gefahren und entdeckten, als sie ankamen, ein ausgestelltes Fahrzeug, das Sie vorher noch nie gesehen haben? Und als Sie dieses Auto zum ersten Mal sahen, sagten Sie „toll"! Und haben Sie sich dann nicht an Ihren Schreibtisch gesetzt, um für sich selbst ein gutes Angebot zu erarbeiten? Ganz bestimmt kam das schon einmal vor! Und was taten Sie? Versuchten Sie nicht, den Wagen irgendwie in Ihren Finanzplan einzupassen? Eigentlich fuhren Sie zur Arbeit und hatten nicht die Absicht, ein Auto zu kaufen. Doch als Sie einen Wagen sahen, den Sie absolut haben wollten, waren die Emotionen stärker. Ihre Gedanken gingen mit Ihnen durch.

Wir sind bereits seit Jahren in diesem Geschäft und täglich von neuen Autos umgeben, doch werden wir immer noch von einem Neuwagen, der uns auf Anhieb sehr gut gefällt, überwältigt. Wie war das mit dem Interessenten, der sich alle vier Jahre ein Auto kauft? Glauben Sie nicht, daß auch er von einem Neuwagen, der ihm genauso gut gefällt wie Ihnen, überwältigt wird? Und was wäre, wenn Sie eine Finanzierungsmöglichkeit für ihn finden könnten? Glauben Sie nicht, daß der Interessent mit dem Gedanken spielen würde?

Schlußfolgerung

Gehen wir das Getane noch einmal durch. Wenn ich nur 10 Autos im Monat verkaufe, kommen auf diese 10 Besitzer ungefähr 200 Nachbarn. Das bedeutet für mich monatlich 200 Briefe, was mein minimaler Postaufwand ist.

Ich muß nun 200 Leute anrufen, womit meinem Bedarf von 10 unangekündigten Anrufen pro Tag Genüge getan wird. Diese „Blindanrufe" sind jedoch keine „Blindanrufe" mehr. Denn, wie Sie ja wissen, haben diese potentiellen Kunden und ich einen gemeinsamen Bekannten ... ihren Nachbarn! Wenn ich die Interessenten anrufe, werden sie freundlicher zu mir sein, da sie ja meinen Brief erhalten haben, sich den Prospekt angesehen haben und weil sie jemanden kennen, den ich auch kenne! Ich kann das Eis ganz einfach brechen. Der Brief und der Anruf waren lediglich dazu da, mir die Möglichkeit zu geben, die magische Frage, „Wie wäre es, wenn, ..." mindestens 200 x pro Monat zu stellen. Glauben Sie, ich finde Interessenten? Sie tun gut daran, dies zu tun!

Und was ist, wenn sie sagen, daß sie ihr Auto im Moment nicht gegen ein neues eintauschen möchten? Ich habe ihren Namen, ihre Adresse und Telefonnummer und ich kann sie auf meine potentielle Käuferliste setzen, bei der ich immer wieder nachfrage, bis sie schließlich Kunden werden.

Wir meinen, das ist eine geniale Idee der Akquisition. Und wir wissen, daß der Händler sehr viel Erfolg damit hat.

In den USA gibt es kein Gesetz – wie bei uns – , das es verbietet, Telefonakquisition bei Privatpersonen zu praktizieren.

„Drüben" zeigt man gern, was man hat, auch den Neuwagen. Aus diesem Grund ist man keineswegs sauer, wenn der Händler die Nachbarn anschreibt und vom Neuwagenkauf der Familie Smith berichtet. Ein Geschäftsfreund in den USA berichtete uns einmal davon, daß am Wochenende häufig Spaziergänger bei ihm klingeln würden, um seinen europäischen Garten bewundern zu dürfen und mit ihm darüber zu sprechen. Wir fragten ihn, ob das nicht nervig sei, wenn da unangemeldet Gäste kämen. Er verneinte das energisch und erklärte uns, daß er sehr stolz sei, wenn die Leute dies täten.

Die meisten US-Amerikaner leben in Einfamilienhäusern, man kennt sich im Viertel gut und betreibt in der Regel rege Nachbarschaftskontakte. Dies erleichtert das in der Idee beschriebene Vorgehen.

Ganz so abwegig ist die Idee für uns jedoch auch wieder nicht: Wie wäre es, wenn Sie zumindest den „brieflichen" Teil dieser Idee auf deutsche Verhältnisse übertragen? Schreiben Sie den Nachbarn des Kunden, dem Sie einen Neuwagen verkauft haben, doch einen Brief – ohne Namensnennung des Kunden – und machen Sie auf das in „seiner" Straße ausgelieferte neue Fahrzeug aufmerksam!

Idee Nr. 5

„Die Gesetze des Verkäufers!"
Eine Aufgabenbeschreibung für Automobilverkäufer

Der Autoverkäufer ist direkt dafür verantwortlich, Neu- und Gebrauchtwagen zu den jeweiligen Konditionen des Autohauses zu verkaufen. Dieser Beruf umfaßt drei Aufgabengebiete: Die individuelle Arbeitsweise, die Kundenakquisition und den Verkauf.

- Vergeuden Sie keine Zeit! Setzen Sie sich ein Ziel und finden Sie eine Methode oder ein Programm, wie Sie dieses Ziel innerhalb des dafür vorgesehenen Zeitrahmens erreichen können.

- Machen Sie Prognosen über Ihren Arbeitseinsatz und die von Ihnen gesteckten Ziele. Stellen Sie zu Beginn jedes Kalenderjahres angestrebte Einkommensziele auf. Wenn Sie Ihr Gehalt des vergangenen Jahres, die Kommission und den Bonus als Ausgangspunkt nehmen, finden Sie heraus, wie viele Pkw und/oder Lkw – sowohl neu als auch gebraucht – Sie verkaufen müssen, um Ihr Einkommensziel zu erreichen. Rechnen Sie die Zahlen auf Monate um, um Monatsziele zu bekommen.

- Setzen Sie sich zu jedem Monatsanfang ein Ziel für den kommenden Monat.

- Machen Sie jede Woche eine grobe Planung für den Arbeitseinsatz und die Wagenauslieferungen.

- Planen Sie den Arbeitseinsatz und die Ziele jedes Arbeitstages im voraus. Setzen Sie Prioritäten bei den Dingen, die an diesem Tag auf jeden Fall erledigt werden müssen.

- Legen Sie die Anzahl der Vorführungen, Gutachten, neuer, „heißer" Interessenten und anderer Personen, mit denen man jeden Tag persönlichen Kontakt haben muß, fest, um die gesteckten Ziele zu erreichen.

- Analysieren Sie Ihre Ergebnisse am Endes jeden Tages, jeder Woche, jeden Monats und Jahres, um herauszufinden, wie Sie Ihre Zeit besser nützen und effizienter planen können.

- Bereiten Sie Berichte an die Geschäftsführung vor: Über Ihre Zielsetzungen, geplanten Aktivitäten, Überprüfungen und Analysen, je nachdem, was gewünscht wird.

- Entwickeln Sie ein Automobilhalter-Nachfaßsystem, und erhalten Sie dieses aufrecht, um erneute Geschäftsbeziehungen zu fördern und die Kunden dazu anzuhalten, Ihnen Tips zu geben und Interessenten zu vermitteln.

- Erarbeiten Sie ein fortlaufendes System zur Neukundenakquisition; behalten Sie auch dieses bei.

- Ziehen Sie sich immer gut an! Achten Sie auf ein sauberes und gepflegtes Äußeres und auf gute Manieren.

- Eignen Sie sich die Terminologie der Automobilbranche an!

- Seien Sie bei den Verkaufsbesprechungen anwesend, und leisten Sie während jeder dieser Besprechungen einen persönlichen Beitrag.

- Informieren Sie sich fortlaufend über das gegenwärtige Geschehen im Autohaus, in der Automobilindustrie und im aktuellen Tagesgeschehen.

- Versuchen Sie, immer eine positive Ausstrahlung auf die Menschen zu haben, mit denen Sie während Ihres Arbeitstages oder danach Kontakt haben.

- Seien Sie Botschafter des *Goodwill* Ihres Autohauses.

- Erstatten Sie Ihrem Arbeitgeber immer unverzüglich Bericht.

Für uns, die wir in unseren Autohäusern ausgeklügelte Stellenbeschreibungen kennen, die nach formal juristischen Kriterien erstellt wurden, mag eine solche Aufgabenbeschreibung zunächst seltsam anmuten. Aber wenn wir genau auf diese Regeln schauen, dann stellen wir fest, daß sie vor Einfachheit und Klarheit strotzen. Hier wird gesagt, was Sache ist. Und natürlich sind die Konsequenzen bei Nicht-Einhaltung amerikanisch: Du kannst gehen!

Bestechend an dieser Aufgabenbeschreibung ist für uns auch, daß Dinge erwähnt werden, deren Nennung jeder deutsche Unternehmer scheut: „Vergeuden Sie keine Zeit!", „Ziehen Sie sich immer gut an!" oder „Erstatten Sie Ihrem Arbeitgeber immer unverzüglich Bericht!"

Noch etwas wird hier wiederum deutlich: Die Eigenverantwortung des Mitarbeiters. Hier wird zum unternehmerischen Denken und Handeln aufgefordert, wenn es da heißt: „Stellen Sie zu Beginn des Jahres Ihre angestrebten Einkommensziele auf!" – Wir meinen, das ist zur Nachahmung empfohlen.

Idee Nr. 6

„Werbung ist gut, Kontrolle ist besser!"
Dokumentation von eingehenden Verkaufstelefonaten

In der Vergangenheit hat sich unser Unternehmen darauf verlassen, daß die Verkäufer über ihre Tätigkeiten Buch führen. Doch die Praxis zeigte, daß dies zunehmend weniger der Fall war. Da der Wettbewerb härter wird und die Kosten für Werbemaßnahmen immer stärker steigen, dachten wir, daß ein Messen unserer telefonischen Verkaufsaktivitäten uns auf diesem Gebiet behilflich sein könnte.

Ein Kurs, den wir beim NADA Treffen in Dallas sahen, spornte uns dazu an. Wir begannen mit einem Aufzeichnungssystem, das sich nach und nach genau nach unseren speziellen Bedürfnissen entwickelte. Das Wichtigste für das Funktionieren des Systems ist das Aufschreiben der Uhrzeit und des Namens des Verkäufers.

Ein Vorteil liegt darin, daß die Idee nichts außer Papier und Kopierkosten kostet. Man braucht kein zusätzliches Personal oder aufwendige Büroeinrichtung. Ihr gegenwärtiges Personal kann diese Arbeit ganz einfach zusätzlich erledigen. Am wichtigsten ist es, Ihren Geschäftsführer und Mitarbeiter an der Telefonzentrale von der Wichtigkeit zu überzeugen und sicherzustellen, daß die Verkaufsleitung die Telefonistin unterstützt.

Schon nach kurzer Zeit mögen die Verkäufer das System, da es ganz klar aufzeigt, wer tatsächlich „alle" Telefonate erhält. Auch wird man sehr schnell herausfinden, was Werbung bedeutet, wenn man tatsächlich das Telefon dazu einsetzt. Sie werden erstaunt sein, wie „schlecht" Sie die gegenwärtigen Telefonate finden, wenn Sie im Vergleich dazu die Fakten betrachten.

Letzten Endes hängen die Ergebnisse dieses Vorschlags davon ab, wie Sie die so gewonnenen Informationen nutzen und mit welcher Intensität Ihr Verkaufspersonal und Management sie umsetzen. Es kostet Sie nichts, dies auszuprobieren und Sie werden auf alle Fälle daraus lernen.

Dokumentation

Aufzeichnen der Telefonate (jeder Anruf wird festgehalten)

- Uhrzeit

- Name des Verkäufers

- Name des Kunden

- Telefonnummer

- interessiert an

- Quelle

- neu oder gebraucht

Telefonierbogen/vorlage für „heiße" potentielle Käufer

- gibt zusammen mit der Quelle und Kommentaren detailliertere Informationen über den Kunden

Berichte

- nach Medienquelle

- Neu- oder Gebrauchtwagen

Jeder Bericht wird von einem Verkäufer durchgesehen und zweimal im Monat an den Hauptgeschäftsführer, den Verkaufsleiter und den Werbeleiter weitergegeben. Wir können monatliche und jährliche Gesamtberichte bekommen.

Buch führen über Verkaufstelefonate

1. Die Mitarbeiterin in der Telefonzentrale nimmt das Gespräch entgegen.

2. Der Kunde fragt nach einem Verkäufer oder jemandem, der für Verkäufe zuständig ist.

3. Die Mitarbeiterin in der Telefonzentrale fragt: „Gibt es eine bestimmte Person in der Verkaufsabteilung, die Sie gerne sprechen würden?"

4. Wenn nach einem bestimmten Verkäufer gefragt wird und dieser nicht anwesend ist, halten Sie den Namen in den Aufzeichnungen fest und fahren Sie fort, als hätte der Kunden nach niemand Bestimmten gefragt.

5. Wenn der Kunde mit „nein" antwortet, bittet die Rezeptionistin: „Bitte bleiben Sie am Apparat, Sie werden verbunden".

6. Folgende Meldung wird weitergeleitet: „Verkaufsgespräch in der Warteschleife".

7. Der erste Verkäufer, der die Telefonistin anruft, nennt seinen Namen – dieser wird zusammen mit der Uhrzeit in den Aufzeichnungen festgehalten – und wird mit dem Anrufer verbunden.

8. Der Verkäufer nimmt das Telefonat entgegen, füllt das Telefon-Formular vollständig aus und bringt es anschließend zum Abzeichnen und für weitere Kommentare zum zuständigen Geschäftsführer.

9. Eine Kopie des Telefon-Formulars geht zur Ablage an die Telefonistin.

10. Der Hauptgeschäftsführer erhält täglich von der kaufmännischen Abteilung die Aufzeichnungen und Kopien dieser Telefonate.

11. Der Hauptgeschäftsführer läßt die Daten täglich in eine Computerdatenbank eingeben.

Datum: _____

Uhrzeit	Verkäufer	Name des Kunden	Telefon Nr.	interessiert an	Neu/ gebraucht	Quelle

Potentieller Käufer

Datum: _____ Uhrzeit: _____ Kundentypus: _____

Verkäufer: _____

Name des Kunden: _____

Adresse: _____

günstigste Zeit für Anruf: _____

Telefon privat: _____

Telefon geschäftlich: _____

Werbequelle

○ Gelbe Seiten ○ Inserat ○ Zeitung X ○ Prospekt Y
○ Autozeitung ○ Empfehlung ○ Andere: _____

Gewünschtes
Fahrzeug: _____

Anzukaufendes
Fahrzeug: _____

Seriennummer: _____ Baujahr: _____

Serie: _____ Modell: _____

Marke: _____ Karosserieform: _____

Modell: _____ Unterhaltskosten: _____

Preis: _____ Inzahlungnahme-Preis: _____

besondere Vorkommnisse:

z.B. Öl-   Sonder-   XX   XX   XX   XX
     wechsel   inspektion

_____   _____   _____

Status: _____

_____

52

Verkäufer	Zusammen-fassung	Automobil ausstellung	Vorbei fahren	Prospekt	Zeitung	Alter Kunde	Telefon-buch	Empfeh-lung	TV

Die Beschreibung des Vorgehens klingt zunächst höchst umständlich, doch wenn Sie genauer hinsehen, werden Sie feststellen, daß sich dahinter ein einfaches Kontrollsystem verbirgt. Dies hilft diesem Betrieb, einen Überblick über die eingehenden Anrufe zu erhalten. – In den USA ist das ein sehr übliches Kundenverhalten: Man ruft zunächst im Autohaus an. Sonntägliche Spaziergänge um ein Autohaus sind relativ selten, die Benutzung des Telefons erlernt jeder Amerikaner jedoch von Kindesbeinen an. Anrufer werden „Phone Ups" genannt und es gibt ausgeklügelte Systeme, wie man diese Anrufer auf die verschiedenen Verkäufer verteilt bzw. wie man mit ihnen umgeht. Zum Teil werden sogar bereits die Telefonistinnen, die die Anrufe entgegennehmen mit Bonussystemen in die Verkaufstätigkeit einbezogen. Ein interessanter Aspekt – wie wir finden – ist die Feststellung der Medienquelle. Denn das hilft vielleicht festzustellen, welche der 50% der Werbekosten – wie Henry Ford einmal bemerkt haben soll – man zum Fenster rauswirft.

 *Idee Nr. 7*

„Was tun bei verlorenen Geschäften?"
Eine Nachfaßaktion

Haben Sie sich jemals gefragt, warum Ihnen das eine oder andere Geschäft entgangen ist? Es ist einfacher herauszufinden, als Sie denken. Und es kostet nicht einmal einen Dollar!

Wir haben den Monatsbericht der Fahrzeugneuzulassungen abonniert, in dem alle Fahrzeugverkäufe des vergangenen Monats aufgelistet sind.

Adressieren Sie einen Briefumschlag an jeden Ihrer entgangenen Kunden und fügen Sie einen Brief (Beispiel anbei) plus einen frankierten Rückumschlag bei.

Beachten Sie bitte: Die Rückantwort geht „an den Händler persönlich"; verwenden Sie keinen Frankierstempler und möglichst nur „Sondermarken".

Die Antworten beinhalten nicht gerade das, was man gerne liest.

Die Rücklaufquote beläuft sich auf bis etwa 50%.

Sehr geehrter Kunde,

beim Durchsehen der neuesten Fahrzeugneuzulassungen fiel uns auf, daß Sie Besitzer eines Neuwagens sind, den auch wir in unserer Produktpalette führen.

Obwohl Sie den Wagen nicht in unserem Autohaus gekauft haben, möchte ich Sie dazu einladen, bei Bedarf unsere Werkstätte zu besuchen und auch unser gut ausgestattetes Ersatzteillager nicht zu vergessen.

Um Ihren Wünschen in Zukunft besser gerecht werden zu können, möchten wir Sie bitten, die folgenden Fragen zu beantworten und Ihre Kommentare in dem beigefügten Rückumschlag mit dem Vermerk „Vertraulich – an den Händler persönlich" an uns zurückzusenden. Vielen Dank.

Mit freundlichen Grüßen

---

1. Haben Sie unser Autohaus besucht bevor Sie den Kauf tätigten?

2. Wurden Sie prompt und höflich bedient?

3. Fanden Sie in unserem Bestand ein passendes Fahrzeug?

4. Versuchten Sie, Ihren alten Wagen für dieses Fahrzeug in Zahlung zu geben?

5. Wurden Sie in unserem Autohaus von

   - unserem Verkaufspersonal
   - unserer Geschäftsführung

   freundlich und zuvorkommend behandelt?

6. Bemerkungen und Kommentare:

   _____

   _____

   _____

   Unterschrift _____

   Adresse _____

   _____

   Telefonnummer _____

Haben Sie auch schon mal ein neues Fahrzeug Ihrer Marke mit einem heimatlichen Kennzeichen gesehen, das nicht Ihren Nummernschild-träger hatte? Wäre es nicht spannend zu wissen, was dieser Fahrzeug-besitzer über Ihr Haus denkt? Und würde es sich nicht auf Dauer loh-nen, dieses Fahrzeug in Ihre Werkstatt zu holen? Es wäre sicherlich paradiesisch, wenn wir vom Kraftfahrt-Bundesamt monatlich die Be-sitzumschreibungen mit Fahrzeugtyp und Namen und Adressen des Hal-ters bekämen. Das wäre die schönste Datei, die man erhalten könnte. – Sie wissen selbst, daß wir diese Datenbasis leider nicht haben und den-noch haben wir dieses Beispiel mit in unsere Sammlung aufgenommen, um Ihnen ein Prinzip zu verdeutlichen: Tu es! – Wir müssen unsere Gegebenheiten nehmen und aus diesen etwas machen, das ist die Bot-schaft, die in diesem Beispiel steckt.

Idee Nr. 8

„Phone Ups"

Eingehende Interessentenanrufe mit System zum Abschluß führen

A. Der Anruf wird von der Zentrale zu einem von zwei Telefonmarketing-Fachleuten weitergeleitet, die versuchen, so viel Informationen wie nur irgend möglich vom Kunden zu erhalten. Ziel ist, den Kunden zur Vereinbarung eines Termins zu bewegen. Die erhaltenen Informationen werden auf einem 3teiligen Formular festgehalten, das als „Anrufbericht" bezeichnet wird. Einen Durchschlag dieses Formulars erhält der Verkäufer, der zweite geht in eine chronologisch aufgebaute Terminablage für den vereinbarten Termin; beim dritten handelt es sich um eine Sicherheitskopie. Die Kunden werden gebeten, namentlich nach dem „Telefonmarketinger" zu fragen, wenn sie in das Autohaus kommen. Wenn der Verkäufer den potentiellen Kunden grüßt und dieser nach dem Marketinger fragt, wissen sie, daß es sich jetzt um ihren/seinen Kunden handelt. Der Verkäufer bringt den Kunden zum Telefonmarketinger, der den Kunden begrüßt, ihm den Verkäufer vorstellt und dem Verkäufer eine Kopie des Anrufberichtes aushändigt; er wird dazu aufgefordert, sich zuvorkommend um den Kunden zu kümmern. Der Marketingspezialist wird sich während des Verkaufsgesprächs auch öfter vergewissern, ob alles glattgeht.

B. Der hereinkommende Anruf wird auch in einem losen Ordner – „Anrufbuch" genannt – für den zukünftigen Gebrauch eingetragen.

C. Auch wenn zu diesem Zeitpunkt kein Termin vereinbart wurde, wird der Marketinger dennoch das Formular ausfüllen und den Eintrag ins Anrufbuch machen; schließlich ordnet er den Namen des Kunden für künftige Nachfaßtelefonate in die chronologische Ablage ein.

D. Wenn ein Termin vereinbart, aber nicht eingehalten werden konnte, wird der Name automatisch an diesem Tag aus der chronologischen Ablage genommen und ein Nachfaßtelefonat getätigt. Wir werden mit den Telefonaten fortfahren, bis wir merken, daß keinerlei Hoffnung auf den Verkauf eines Wagens besteht.

E. Wenn beim ersten Termin kein Wagen verkauft werden konnte, geht der Marketingspezialist mit dem Verkäufer das Verkaufsgespräch noch einmal durch, um herauszufinden, was passiert ist. Dann nimmt er mit dem Kunden erneut Kontakt auf, um ihn zu einem weiteren Besuch in das Autohaus zu bewegen.

F. Wenn ein Fahrzeug verkauft wurde, ruft der Marketinger drei Tage nach dem Verkauf beim Kunden an, um sich für das Geschäft zu bedanken und um sicherzustellen, daß alles in Ordnung ist.

G. Die Inhalte des Anrufbuchs und eines ähnlichen Buchs über Geschäftsbesuche werden in ein anderes, sogenanntes Alphabuch übertragen, das verwendet wird, um erneute Besuche und frühere Geschäftskontakte mit diesem Kunden zu verfolgen.

Bezahlung der Telemarketing-Mitarbeiter:

1.000 Dollar monatlich zuzüglich $ 3 für jeden Anrufer, der eine Terminvereinbarung einhält; $ 5 für jeden Interessenten, der erneut in das Autohaus kommt (es wird pro abgeschlossenem Geschäft nur einmal eine „Wiederkommensprovision" gezahlt) und $ 5 pro verkauftem Fahrzeug. Das durchschnittliche Monatsgehalt einer Telefonmarketing-Fachkraft beträgt zwischen $ 2.000 – 3.000.

„Phone Ups" werden in den USA die anrufenden Interessenten genannt. Es gibt auch noch die „Floor Ups", das sind die Interessenten, die in den Ausstellungsraum kommen. Insbesondere den Phone Ups widmet man in amerikanischen Autohäusern sehr viel Aufmerksamkeit, denn man weiß, hier werden leicht Anbahnungen verdorben, und es lohnt sich, am Kunden dranzubleiben, wenn er schon anruft. Hier wird eine spezielle Kompetenz für die Behandlung eingehender Telefonate aufgebaut, die unterstreicht, wie wichtig die richtige und kompetente Behandlung dieser Telefonate ist. Sicherlich eignet sich dieses System nur für große Betriebe. Doch interessant ist, daß man hier nicht die Anrufe zum Verkäufer leitet, der sich vielleicht gerade im Gespräch befindet, das durch den Anruf gestört wird. Bemerkenswert auch die Kontrollfunktion der Marketing-Mitarbeiter. Sie sorgen dafür, daß der Verkäufer nachfaßt.

Idee Nr. 9

„Ein neuer Kniff, der greift"

Das Versenden von Referenzschreiben

Wir wissen alle, wie wertvoll es ist, potentiellen Kunden nach einem Besuch Ihres Autohauses einen „Dankeschön"-Brief zu schicken. Diesen Dankesbriefen werden hohe Verkaufserfolge zugeschrieben. Es wurde ein Nachfaßsystem zum Versand dieser Briefe eingerichtet. Von der NADA wissen wir, daß 90 % der Kunden, die ein Geschäft verlassen, nie nachkontaktiert werden. Unsere eigenen Untersuchungen bestätigen uns , daß 80% der Kunden, die unser Autohaus verließen, nicht noch einmal kontaktiert wurden. Aus diesem Grund haben wir das folgende Nachfaßsystem eingeführt:

1. Der erste Schritt besteht darin, festzulegen, was verschickt werden soll.

2. Ein Standard-Dankeschön-Brief ist besser als gar nichts, aber diese Briefsendungen sind eine sehr aussagekräftige Referenz für unser Autohaus.

3. Jedem Dankesbrief, den wir versenden, fügen wir ein Referenzschreiben eines zufriedenen Kunden bei. Die Weiterempfehlung von einem außenstehenden Dritten, von einem zufriedenen Kunden, kann ganz überwältigend sein; das gilt ganz besonders, wenn die Referenz die folgenden Punkte enthält:

A. Eine kurze Vorstellung Ihres Geschäfts, Ihrer Produkte und Serviceleistungen.

B. Im Brief wird herausgestellt, daß der Kunde in irgendeiner Form von Ihrem Service profitiert hat.

C. Suggeriert wird, daß der Empfänger des Briefes ebenfalls in irgendeiner Weise davon profitieren könnte.

D. Der zufriedene Kunde muß mit seinem Namen genannt werden, je bekannter der Kunde ist, um so besser.

Muster eines Referenzschreibens im Anschluß an einen Fahrzeugkauf – Absender ist der Kunde

Sehr geehrte/r Frau/Herr (Name des Händlers),

ich schreibe, um einige Ihrer Mitarbeiter zu loben.

(Name des Verkäufers) half mir beim Leasingvertrag für mein neues Auto.

In der Vergangenheit waren meine Erfahrungen mit Verkäufern alles andere als erfreulich. Ich würde mich selbst als einen Kunden bezeichnen, der nur schwer zufriedenzustellen ist und der alles ganz genau nimmt. Außerdem bin ich vielbeschäftigt, und der Autokauf dauert meiner Meinung nach viel zu lange. Ich lasse normalerweise lieber eine Wurzelbehandlung beim Zahnarzt über mich ergehen, als daß ich mir ein neues Auto anschaffe.

Doch es gab einen Lichtblick!

Bereits vom ersten Augenblick an, als ich mit (Name des Verkäufers) telefonierte, war ich nicht nur von seinem Wissen (die meisten Verkäufer wissen nicht, worüber sie eigentlich sprechen), sondern auch von seiner Professionalität beeindruckt. Ich wußte seine Fähigkeit, die ganze Angelegenheit innerhalb eines angemessenen Zeitrahmens abzuwickeln, sehr zu schätzen.

(Name des Verkäufers) vereinbarte mit mir einen Termin und – was glauben Sie? Er hatte alle Informationen, die ich für meine Kaufentscheidung benötigte, parat. Ohne stundenlange Feilscherei wurde mir ein sehr günstiges Angebot unterbreitet. Es dauerte weniger als eine Stunde, und ich konnte in meinem neuen Wagen davonfahren.

In der Vergangenheit war es so, daß ich für sämtliche Verkäufer nach Abschluß des Kaufvertrags uninteressant war. Bei (Name des Verkäufers) war das anders.

(Name des Verkäufers) trat bei Problemen sofort mit mir in Kontakt. Diese Einstellung und Behandlung empfand ich als sehr angenehm, was noch untertrieben ist.

Ich würde und werde jedem, der sich für einen Fahrzeugkauf interessiert, folgendes mitteilen: „Wenn Sie Ihre Zeit verschwenden wollen und sich mit Leuten treffen wollen, die nicht wissen, worüber sie reden und wenn Sie nicht die Antworten bekommen, die Sie hören wollen und müssen, dann gehen Sie irgendwohin, aber nicht zu (Name der Niederlassung)[1]. Wenn Sie Zeit sparen und wie ein König behandelt werden wollen, dann kann ich jedem Interessenten nur nachdrücklich (Name des Verkäufers) und (Name des Händlers) empfehlen."

Mit freundlichen Grüßen

---

[1] Diese Art der vergleichenden Werbung ist in Deutschland nicht möglich. Es gibt zwar eine neue EU-Richtlinie (97/55/EG), nach der vergleichende Werbung grundsätzlich möglich ist, deren Umsetzung in nationales Recht jedoch 30 Monate dauern kann. Grundsätzlich bleibt aber auch dann nach Auffassung des BGH eine Herabsetzung des Mitbewerbers ein Verstoß gegen das Wettbewerbsgesetz (vgl. § 1 UWG).

E. Sie könnten sich dafür entscheiden, mehrere Briefvarianten vorzubereiten und je nach Berufs- oder Interessengruppe (z.B. Ärzte, Anwälte, Wirtschaftsprüfer, Frauen, etc.) diese variabel einzusetzen.

4. Empfehlungsschreiben bürgen dafür, daß Sie ein guter Geschäftspartner sind. (Ein Beispiel für einen solchen Brief finden Sie auf Seite 59 aufgeführt.)

Man glaubt es kaum, aber hier wird nach dem Kaufabschluß einem Kunden, der sich zur Referenzabgabe bereit erklärt, dieses bereits mit den entsprechenden Daten vorgefertigte Schreiben zur Unterschrift vorgelegt. Und schon haben Händler und Verkäufer ein hervorragendes Aushängeschild, das aktiv eingesetzt wird. Nun kommt der zweite Kniff: Da wird einem Interessenten nach einem Besuch im Autohaus dieses Referenzschreiben des zufriedenen Kunden zugeschickt, um ihn zu einer Kaufentscheidung zu bewegen. Eine bessere Werbung, als die von zufriedenen Kunden, gibt es wohl kaum. Wir meinen, diese Idee ist durchaus auch in Deutschland umsetzbar, man benötigt nur etwas Mut.

Idee Nr. 10

„Der Kommen-Sie-wieder-Stempel!"

Wie man bei Kaufinteressenten erneut nachfaßt

Um ein weiteres, letztes Mal die Möglichkeit zu bekommen, mit einem Kunden über den Kauf eines Autos zu sprechen und um ihm unsere Professionalität erneut vor Augen zu führen, machen wir folgendes:

Wir benutzen einen „Kommen-Sie-wieder-Stempel" und einen finanziellen „Kommen-Sie-wieder-Anreiz".

Wenn es dem Verkäufer nicht gelingt, einen Kaufvertrag abschließen und der Kunde die Niederlassung verläßt, wird der Termin für das nächste Verkaufsgespräch mittels eines Stempels auf der Rückseite der Visitenkarte des Verkäufers vereinbart. Dieser wird im Beisein des Kunden ausgefüllt und der Kunde sieht auch, daß der Verkäufer einen weiteren Termin in seinen Terminkalender aufnimmt. Wie bei Ihrem Zahnarzt, wird dieser Termin entweder am Tag vor oder am Tag des vereinbarten Verkaufstermins nochmals bestätigt. Diese Methode ist in 65% der Fälle wirksam.

Wenn es dem Verkäufer und dem Verkaufsleiter nicht gelingt, ein Fahrzeug zu verkaufen, nutzt der Verkaufsleiter die Rückseite seiner Visitenkarte, um mittels eines Bonus von $ 100 sicherzustellen, daß er eine weitere, letzte Chance hat, sich erneut mit dem Interessenten zu unterhalten. Der Kunde kommt aus einem der folgenden zwei Gründe wieder: Entweder möchte er uns eine weitere Chance geben, ihm ein günstigeres Angebot zu unterbreiten, oder aber er möchte seine $ 100 abholen, deren Auszahlung wir versprochen haben, falls es uns nicht gelänge, das Angebot einer Konkurrenzniederlassung zu unterbieten. Wir setzen diese Maßnahme in einem von 10 Fällen ein und mußten dieses Jahr noch kein einziges Mal $ 100 bezahlen.

Der „Kommen-Sie-wieder-Stempel" I:

```
SIE HABEN AM _____ UM _____ UHR
EINEN TERMIN MIT UNS VEREINBART.

Bitte rufen Sie an, wenn Sie diesen
Termin nicht wahrnehmen können.

VIELEN DANK FÜR IHR ENTGEGENKOMMEN
```

Der „Kommen-Sie-wieder-Stempel" II:

```
$ 100
erhalten Sie, wenn es uns nicht gelingt,
das Angebot des Wettbewerbs
zu unterbieten
```

Ideen muß man haben! Wer kennt sie nicht, die Problematik der „verlorenen" Geschäfte. Der Kunde holt sich verschiedene Angebote ein und irgendeiner der Anbieter „fängt" den Kunden, und man selbst guckt in die Röhre. Oft sind es Kleinigkeiten, nach denen der Kunde den Zuschlag gibt. – Mit der hier dargestellten „Stempel-Idee" wird uns eine Möglichkeit gegeben, die Flinte nicht gleich ins Korn zu werfen, wenn der Kunde nicht sofort unterschreibt. Dranbleiben heißt die Devise, und mit dieser Idee bleibt man dran.

Der kleine Trick mit den $ 100 gefällt uns besonders gut, denn wer von uns würde sich nicht wie der Teufel um den Abschluß bemühen, bevor man noch das Geld zahlt und das Geschäft verliert. Wir finden, das ist ein kleiner netter psychologischer „Trick".

62

Idee Nr. 11

„50 Dollar bar auf die Hand!"

Ein Produktkenntnis-Wettbewerb unter Verkäufern

Ziel unseres Wettbewerbes war es, unsere Verkaufszahlen durch Verbesserung der Produktkenntnisse der Verkäufer zu steigern.

Wir dachten uns einen neuen Wettbewerb aus und machen das nun wie folgt: In einer Verkaufsbesprechung legt der Verkaufsleiter eine 50-Dollar-Note auf das Dach irgendeines Fahrzeugs. Das Verkaufsteam versammelt sich kreisförmig um das Auto, und nach der Reihe muß jeder Verkäufer eine Information über die Funktionen des Fahrzeugs geben, die vorher noch nicht genannt wurde. Im Falle von falschen Angaben scheidet der jeweilige Verkäufer natürlich aus dem Rennen aus. Derjenige, der komplett alle neuen Informationen über das Fahrzeug wiedergeben kann und am Ende übrigbleibt, gewinnt die $ 50 bar auf die Hand!

Immer häufiger werden Verkäufe aufgrund anderer Faktoren als nur des Preises halber abgeschlossen. Das Produktwissen des Verkaufsteams ist äußerst wichtig, wenn man den Kunden beeindrucken möchte und allen seinen Wünschen und Bedürfnissen gerecht werden will. Deshalb muß das Produktwissen immer besser werden und zwar nicht nur, um mit dem Wettbewerb Schritt zu halten, sondern auch mit der Technologie. Diese Wettbewerbe motivierten die Mitarbeiter dazu, in ruhigeren Zeiten Handbücher über neue Produktinformationen zu lesen, anstatt einfach nur auf den nächsten Kunden zu warten. Das Ergebnis war, daß wir mehr Fahrzeuge verkauften!

Spielerisch wird hier das Produktwissen der Verkäufer auf dem Laufenden gehalten und immer wieder auf die Probe gestellt. Wissen ist Macht! Der Mensch ist ja bekanntlich träge, und mit solchen kleinen Belohnungen kann man Menschen aus der Trägheit reißen. Das gefällt uns an dieser Idee.

Idee Nr. 12

„Der Mystery-Shopper geht um!"

Die regelmäßige Kontrolle des Verkaufs- verhaltens

Wären Sie bereit, $ 48 in der Woche zu zahlen, um sicherzustellen, daß alle Ihre Kunden fachmännisch bedient werden und Sie gleichzeitig etwas vom Wettbewerb erführen?

Ein Mystery-Shopper einmal pro Woche wird bei Ihrem Verkaufsteam wahre Wunder bewirken. Das ist weder neu noch einzigartig. Es handelt sich lediglich um einen kleinen Auszug aus unseren Maßnahmen zur Sicherung der Qualitätsstandards, die wir vor einiger Zeit einführten.

Wir haben in unserem Betrieb den wöchentlichen Besuch eines Mystery-Shoppers eingeführt, um ständig das Verkaufsverhalten in unserem Unternehmen zu überprüfen und zu verbessern. Dies wurde bei der Belegschaft zum Gesprächsstoff, da jeder dachte, daß er gerade den Mystery-Shopper bedient hätte. Das Urteil wird bei der Verkaufsbesprechung am Freitagvormittag verkündet. Der Verkäufer erhält dann entweder $ 50 sofort bar auf die Hand, oder aber er hat nach der Besprechung noch eine Unterredung mit dem Management. Wenn dies geschieht, gibt es entweder disziplinarische Maßnahmen oder der Mitarbeiter muß sich fortbilden.

Der „Shopper" wird bei einem Serviceunternehmen zum Preis von $ 48 angeheuert. In diesem Preis ist das „shoppen" bei einem anderen Händler meiner Wahl im Umkreis von 20 km enthalten. Die Visitenkarte des Verkäufers muß den Aufzeichnungen des Shoppers beiliegen, damit er Anspruch auf Bezahlung hat.

Nach den Richtlinien unserer Unternehmensgruppe müssen wir den Geschäftsführer der örtlichen Service-Agentur persönlich aufsuchen, um uns selbst von der Seriosität und Diskretion dieses Programms ein Bild zu machen. Die Shopper müssen hinsichtlich dessen, was sie sagen und tun sollen, sehr gründlich eingewiesen werden. Den Shoppern wird aber der Hintergrund ihrer Arbeit nicht mitgeteilt.

Mystery-Shopping ist für uns in Deutschland sicher keine Neuigkeit, doch wird es bei uns nicht sonderlich systematisch betrieben. Häufig werden Mystery-Shopper auch vom Hersteller und nicht vom Händler engagiert. Schade! Im vorliegenden Beispiel sehen wir, wie alltäglich dieses Instrument verwendet und wie damit das Verkaufsverhalten auf Dauer auf ein hohes Niveau gesetzt werden kann. Zeigen Sie durch Mystery-Shopping in unregelmäßigen Abständen – aber mit Regelmäßigkeit –, daß Sie auf das Verkaufsverhalten Ihrer Verkäufer Wert legen.

Idee Nr. 13

„Der Manager für telefonische Terminvereinbarungen!"

Telefonische Interessentenverfolgung mit System

Vielen Händlern entgehen, auf das Jahr umgerechnet, viele gute Geschäfte, weil sie telefonischen Kunden-Anfragen nicht genug Wert beimessen. Meiner Meinung nach sind gute Telefontermine wichtiger als Laufkundschaft, die auf's Geratewohl in Ihr Autohaus hereinschaut.

In unserem Betrieb treffen wir schon seit Jahren telefonische Terminvereinbarungen. Durchschnittlich 200 Telefonate im Monat verschaffen uns durchweg 10% unserer Verkäufe; außerdem muß bei diesen Kunden nur sehr geringfügig nachgefaßt werden, wenn sie nicht zum vereinbarten Termin erscheinen.

Nun das Neue: Anfang September machten wir einen unserer besten Verkäufer zum Telefontermin-Manager. Diese Management-Position sieht bei uns folgendermaßen aus:

- sein Büro befindet sich in der Nähe des Ausstellungsraums;

- er tätigt alle Termintelefonate für Neu- und Gebrauchtwagen;

- er „bearbeitet" die Interessenten so lange, bis sie in unsere Niederlassung kommen oder bis wir sie zu Hause oder in ihrem Geschäft besuchen können;

- er verweist die Kunden – rotierend – an einen Verkäufer.

Im ersten Monat nach Einführung dieser Position stiegen unsere durchschnittlichen Abschlüsse um 21%. Unser Telefontermin-Manager sorgt auch dafür, daß die Kunden von unseren Verkäufern freundlich begrüßt werden, und außerdem kümmert er sich um die Lagerbestände.

Die Verkäufer unseres Autohauses lieben dieses Programm. Wir haben dadurch einen besseren Überblick über die vereinbarten Telefontermine, die Kundschaft in unseren Ausstellungsräumen wird sogleich freundlich empfangen, die Lagerbestände sind besser organisiert, wir wissen genauer darüber Bescheid, wie viele Kunden in unsere Niederlassung kommen und insgesamt stiegen die Produktivität und die Nettogewinne sowohl im Neu- als auch im Gebrauchtwagenbereich.

Nicht nur in manchen Betrieben der USA, sondern auch in vielen Betrieben Deutschlands werden telefonische Anfragen des Kunden noch sehr stiefmütterlich behandelt. Selten geht man hierbei konsequent vor. Häufig hören wir: „Kommen Sie doch mal vorbei!", „Schauen Sie bei Gelegenheit doch mal rein!" oder ähnlich unverbindliche Aussagen. So gehen Geschäfte verloren! Uns gefiel die dargestellte Idee, weil auch hier die Kompetenz für einen wichtigen Schritt zum Verkauf gebündelt wird und die Verkäufer so systematisch unterstützt werden.

Idee Nr. 14

„Royal Flash!"

Ein Pokerspiel-Verkaufswettbewerb

Wir führten kürzlich einen einzigartigen Verkaufswettbewerb ein, der das Verkaufsteam sowohl mitreißen als auch motivieren konnte. Wir nennen ihn den „Bester Pokerspieler"- Verkaufswettbewerb. Normalerweise starten wir diesen Wettbewerb in der Monatsmitte, um den Monat mit guten Verkaufszahlen abzuschließen.

Die Verkäufer dürfen bei jedem erfolgreich abgeschlossenen Kaufvertrag eine Karte aus einem Kartenspiel ziehen. Da wir unser Leasinggeschäft ankurbeln wollen, zählt Leasing doppelt – also bekommen die Verkäufer für den erfolgreichen Abschluß eines Leasingvertrages zwei Karten. Wir führen Buch über die laufende Summe, indem wir den Namen des Verkäufers und die Nummer des Fahrzeugs, das er/sie auf seinen/ihren Namen verkauft hat, notieren. Um die Spannung bis zum Schluß aufrechtzuerhalten, ziehen wir die Karten erst dann, wenn der Wettbewerbszeitraum dem Ende zugeht.

Ein Minimum von mindestens 5 verkauften Fahrzeugen ist unsere Zielvorgabe, die sich die Verkäufer als Richtlinie setzen kann. Wir haben die Ergebnisse in unserem Konferenzraum und teilen den Verkäufern bei jedem Verkaufstreffen ihren derzeitigen Punktestand mit. Am Ende der Wettbewerbsperiode laden wir alle diejenigen, die sich qualifizieren konnten, in den Konferenzraum ein, bitten sie, sich um den Konferenztisch zu versammeln und geben die Karten aus. Die Karten werden gleich aufgedeckt und die Sieger mit dem besten Blatt gewinnen. Unsere Preise sind gewöhnlich $ 300 für den besten „Pokerspieler", $ 200 für den zweitbesten und $ 100 für den drittbesten.

Dieser Wettbewerb macht den Verkäufern Spaß und ist für alle Beteiligten eine großartige Motivaton!

Pokern hat drüben halt Tradition! Verwerfen Sie die Idee bitte nicht gleich für sich, weil Sie nicht über genügend „Wild-West-Erfahrung" verfügen. Hier geht es nicht ums Zocken oder Bluffen. Der Reiz des Spiels liegt darin, daß durch das Ausgeben der Karten und die damit verbundene Zufälligkeit der Punktbewertung Kollege Zufall beim Wettbewerb mitmacht. So hat auch der ewige Zweite oder Dritte die Chance den Hauptgewinn zu erhalten. Das macht die Sache spannend, denn häufig gibt es in einem Betrieb eine mehr oder minder feste Rangreihe der guten Verkäufer, die mit diesem Spiel mal aufgebrochen wird.

Idee Nr. 15

„Wer kennt sich am besten mit den Produkten aus?"

Ein Verkäuferwettbewerb zur Produktkenntnis

Wie jedem von Ihnen bekannt ist, werden hervorragende Produktkenntnisse heutzutage im Verkauf immer wichtiger. Wir werden einen noch nie dagewesenen Wettbewerb veranstalten, bei dem Sie Ihre Produktkenntnisse verbessern und Ihre Verkaufszahlen steigern. Der Wettbewerb funktioniert so:

Teil 1

Im Produktkenntnis-Test geht es sowohl um Pkw als auch um Lkw. Das Ergebnis, das Sie erzielen, macht 25% Ihres Gesamtergebnisses aus.

Beispiel: Wenn Sie den Test zu 100% richtig machen, erhalten Sie 25 Punkte. Wenn Sie 50% des Tests richtig machen, bekommen Sie 12,5 Punkte.

Teil 2

Die verbleibenden 75 Punkte werden aufgrund Ihrer Leistung beim „Umhergehen" im Ausstellungsraum vergeben. Sie teilen sich wie folgt auf:

1. Produktwissen   = 25 Punkte

2. Originalität   = 25 Punkte

3. Deutliches, verständliches Erklären = 25 Punkte

Die Regeln für das „Umhergehen" lauten folgendermaßen:

1. Der Verkäufer wird sich irgendeinen Pkw oder Lkw zur Demonstration aussuchen.

2. Die Präsentation muß 5-10 Minuten dauern.

3. Die Präsentation wird um 8:00 Uhr morgens gefilmt und am Nachmittag des gleichen Tages bei der Verkaufsbesprechung vorgeführt.

4. Die ersten drei Verkäufer, die ihre Präsentation vorführen, dürfen das Ganze noch einmal wiederholen.

Der Gewinn

Die beiden Verkäufer mit der höchsten Punktzahl dürfen sich aus dem Exklusiv- Geschenkkatalog Preise bis zu einem Wert von $ 100 aussuchen.

Noch ein Wettbewerb aus der schier unendlichen Vielfalt amerikanischer Verkäuferanreize. Interessant hierbei, daß es um das Produktwissen und die Präsentationsfähigkeit des Verkäufers geht. Denn was nützt einem das beste Wissen, wenn man es nicht gut vermitteln kann? In diesem Beispiel wird nicht nur „gewettbewerbt", sondern auch trainiert und damit das Ganze für die Mitarbeiter auch reizvoll ist, gibt es die netten Belohnungen. Warum immer den Verkäufer ins Seminar schicken, wenn das gleiche Ziel im eigenen Betrieb einfacher zu haben ist?

Idee Nr. 16

„Das Geheimnis meines Erfolges!"
Die Führungskraft als hausinterner Trainer

Ein strukturiertes Verkaufssystem, die richtigen Schritte zum erfolgreichen Verkauf, den Verkauf gemeinsam mit den Verkäufern über die Bühne bringen, den Verkäufern beibringen, was sie sagen sollen, wann sie es sagen sollen und was sie nicht sagen sollen, wenn sie ein Geschäft erfolgreich abschließen möchten, das ist Ihre Aufgabe als Führungskraft!

Sie können Ihre Verkäufer auf alle möglichen Schulen schicken, ihnen Trainings-Videos mit nach Hause geben, alles mögliche ausprobieren, doch nichts wird so gut funktionieren wie das tägliche Abhalten einer Trainingslektion.

Jeden Morgen um 8:15 arbeiten wir gemeinsam an irgendeinem Teil des Verkaufsprozesses. Einmal sprechen wir darüber, wie wichtig es ist, den Kunden freundlich und anständig zu begrüßen und zu behandeln, am nächsten Tag machen wir vielleicht ein Rollenspiel über ein hereinkommendes Telefongespräch, dann diskutieren wir über die Wichtigkeit einer guten Probefahrt – was damit zu tun hat und warum der Verkäufer bei der Probefahrt dabei sein sollte.

Das Geheimnis des Erfolgs tritt nicht wöchentlich, monatlich oder dann und wann ein, sondern täglich. Der Erfolg läßt uns mit System handeln, wir sind startklar für einen guten Arbeitstag. Zu Beginn des Tages begeben wir uns gleich auf den richtigen Weg, indem wir unsere derzeitige Werbung durchgehen (das ist gut für unsere Motivation), fördert das unser Zusammengehörigkeitsgefühl, denn wie das Sprichwort sagt: „Wir sitzen alle im selben Boot".

Tun Sie das jeden Tag! Setzen Sie dies ganz oben auf Ihre Prioritätenliste! Ihre Verkäufer sind zufriedener, Sie selbst sind zufriedener und Sie werden die Früchte der Disziplin genießen.

Ich wünsche gute Verkäufe!!

Eine feurige Darstellung! Der Mann lebt das, was er beschwört. Und Unrecht hat er ganz sicher nicht damit, denn kleine Lernhappen sind besser verdaulich als dicke Brocken. Wichtig ist hierbei auch die Konsequenz – jeden Morgen um 8:15 – die vom Chef ausgehen muß. Dabei wird täglich die Schlüsselaufgabe – ein erfolgreiches Verkaufsverhalten – in Teilen aufgegriffen. Immer weiter jedes Detail zu optimieren, ist eben nicht nur das Erfolgsrezept in der Formel 1.

Idee Nr. 17

„Ein banaler und langweiliger Vorschlag, der Bares bringt."

Terminvereinbarungen und Rechenschaftspflicht

Wir bringen eine ganze Menge einzigartige und ziemlich exotische Ideen in diese 20er Gruppen-Treffen ein. Es gibt immer irgendeinen phantastischen neuen Werbevorschlag, ein tolles neues Verkaufssystem, einen brandneuen Computer oder ein anderes Teil, das uns alle reich machen wird. Ich bin genau wie Sie sehr empfänglich für diese aufregenden Ideen, doch ganz tief im Inneren weiß ich, daß das wahre Geheimnis im Automobilgeschäft – wie in jeder anderen Branche auch – in den Basics liegt. Ich möchte hier einen analogen Vergleich mit Vince Lombardi und seinen Green Bay Packers ziehen ... blocken und angreifen. Natürlich wußte auch jede andere Mannschaft in der NFL wie man blocken und angreifen mußte, doch Lombardi's Packers waren darin weitaus besser als alle anderen. Warum konzentrieren wir uns nicht auf das Wesentliche und Grundlegende in unserem Geschäft, und warum fühlen wir uns hingezogen zu den einzigartigen, außergewöhnlichen und normalerweise sehr teuren Lösungen, wenn es darum geht, höhere Gewinne zu erzielen? Die Antwort lautet: Die Basics und grundlegenden Dinge sind „langweilig", es macht ganz einfach mehr Spaß, nach außergewöhnlichen Lösungen zu suchen. Ich würde es vorziehen, etwas gelangweilt zu sein, aber dafür mein Ziel zu erreichen (nämlich der Händler mit dem höchsten Gewinn zu sein) – als eine Menge Spaß zu haben, jedoch mein Ziel zu verfehlen.

Ich werde Ihnen jetzt einen sehr banalen, langweiligen Vorschlag machen, wie Sie Ihrem Verkaufsteam beibringen, telefonisch Terminvereinbarungen mit Interessenten zu treffen, die dann zu Ihnen ins Geschäft kommen. Laut Statistik erscheinen 75% aller Personen zu dem vereinbarten Termin und Sie werden mit 30% der Interessenten, die kommen, ein Geschäft abschließen; die Zahl der Geschäftsabschlüsse ist etwa doppelt so hoch wie bei sogenannter Laufkundschaft, die zufällig in Ihr Autohaus kommt. Dies bedeutet, daß bei einem Verkaufsteam von 10 Leuten, von denen jeder im Durchschnitt einen Termin am Tag vereinbart, 7,5 Interessenten Ihren

Ausstellungsraum besuchen würden. Sie würden an 2,25 dieser Personen einen Wagen verkaufen. Wenn Ihr durchschnittlicher reiner Bruttoertrag pro Fahrzeug bei etwa $ 2.000 liegt, würden Sie am Tag Bruttoerträge in Höhe von $ 4.500 bzw. $ 135.000 im Monat einfahren. Und dies alles, ohne auch nur einen Pfennig für Werbung auszugeben (das ist, was ich dafür ausgebe). Ich verlasse mich auf den Durchschnitt von einer Terminvereinbarung am Tag, denn ich weiß, daß jeder Verkäufer einen Termin pro Tag vereinbaren kann, wenn er/sie sich wirklich bemüht. Sie haben wahrscheinlich andere Zahlen, nach denen Sie Ihren Bruttoertrag berechnen, mehr oder weniger Verkäufer und andere Richtwerte für Terminvereinbarungen.

Viele von Ihnen werden sagen „Meine Verkäufer treffen bereits Terminvereinbarungen". Über all die Jahre hinweg höre ich von den Händlern das gleiche, wenn sie mir sagen, daß ihre Verkäufer ebenfalls loyal zur Geschäftsführung sind, ihre Termine eintragen, die Fahrzeuge vorführen und bei potentiellen Käufern öfter nachfassen. Viele dieser Händler sind die gleichen, die denken, sie würden in 25-30% der Fälle ein Geschäft abschließen! Wenn ich sie frage: „Woher wissen Sie, daß alle Ihre Verkäufer mit allen Interessenten eine Probefahrt durchführen?", antworten sie gewöhnlich, daß ihr Verkaufsleiter Ihnen mitgeteilt habe, daß sie dies tun würden.

Ihre Verkaufsleiter sind es auch, die Ihnen mitteilen, daß Ihre Verkäufer mit Kaufinteressenten Verkaufstermine in Ihrem Autohaus vereinbaren. Sie vergessen, daß alle Ihre Verkaufsleiter Verkäufer gewesen sind und daß sie es genauso leid sind wie Ihr gegenwärtiges Verkaufsteam, Termine zu vereinbaren und all die anderen grundlegenden Dinge des Verkaufs zu beherzigen. Sie erzählen Ihnen genau das, was Sie hören möchten und nicht, was wirklich passiert. Ich weiß ganz genau, wie viele Interessenten am Tag in das Autohaus kommen, wer dem Management Bericht erstattet, wer Probefahrten macht und beim Interessenten nachfaßt, weil ich Begrüßungspersonal angestellt habe (das dem Verkaufsleiter nicht Bericht erstattet), weil ich freiberufliche „Shopper" habe, die sich allwöchentlich in meinem Autohaus beraten lassen und freiberufliche Telemarketing-Mitarbeiter, die bei jedem Interessenten (sie haben die Namen aus den Aufzeichnungen des Empfangspersonals) anrufen, um herauszufinden, ob sich der Verkäufer im Anschluß an den Termin weiter um ihn gekümmert hat, etc.

Ich beschäftige das Emfangspersonal, die Telemarketing-Mitarbeiter und die „Shopper", um der Geschäftsführung und dem Verkaufsteam Rechenschaftpflicht aufzuerlegen. Mit anderen Worten: Sie wagen es nicht, mich an der Nase herumzuführen. Nachfolgend zeige ich Ihnen, wie ich über das Abschließen von Terminvereinbarungen Rechenschaft bekomme. Bitte denken Sie daran, es ist nicht besonders aufregend:

1. Jeder Verkäufer muß dem Verkaufsleiter den Namen, die Telefonnummer, das Datum und die Uhrzeit von mindestens einer Terminvereinbarung vorlegen, bevor er/sie an einem bestimmten Tag ausschließlich in den Ausstellungsräumen arbeiten kann.

2. Der Verkaufsleiter gibt diese Liste an unseren Telemarketing-Mitarbeiter, der die Daten in den Computer eingibt und innerhalb von 24 Stunden nach der Terminvereinbarung nochmals bei dem potentiellen Kunden anruft.

3. Der Telemarketing-Mitarbeiter vermerkt nun aufgrund des Nachfaßtelefonats, ob der Termin rechtmäßig zustande kam oder nur erfunden war. Diese Information wird dann an die Buchhaltung weitergegeben.

4. Wenn der Interessent termingerecht in das Autohaus kommt, gibt der Verkäufer einen Zettel in die Buchhaltung und erhält für einen rechtmäßig zustande gekommenen Termin einen Bonus von $ 25. Wenn ein Termin nur erschwindelt wurde, muß der Verkäufer $ 25 „Strafe" zahlen, sobald dies entdeckt wird.

Bisher beträgt das Verhältnis korrekte Terminvereinbarung versus Schwindel etwa 4:1. Für die 4 richtigen Termine, die abgeschlossen wurden, zahle ich $ 75 (75% der Interessenten kommen), und ich belaste den Verkäufer mit $ 25 für den erfundenen Termin. Das macht etwa $ 17 für jeden der drei Kaufinteressenten, die in meine Ausstellungsräume kommen; und einem von ihnen werde ich ein Auto verkaufen. Das kostet weniger, als Rundfunk oder Fernsehwerbung! Sie können die Dollarbeträge variieren, mehr oder weniger als $ 25 zahlen bzw. als Strafe abziehen. Ich vermute einmal, daß einige von Ihnen entweder die Bonuszahlung oder die Geldstrafe ganz abschaffen wollen, doch ich gehe nach moralischen Gesichtspunkten vor. Solange ich etwas mehr auszahle, als ich abziehe, gibt es keine Streitereien darüber, was denn eine richtige oder erschwindelte Terminvereinbarung sei. Außerdem werden Sie so viel Werbegelder einsparen, daß sie ganz getrost etwas mehr ausbezahlen können.

Wie recht hat der Mann doch: Wir suchen oft nach außergewöhnlichen Lösungen und sehen dann den Wald vor lauter Bäumen nicht. Für uns ist diese Idee sehr amerikanisch, weil sie knallhart ist. Bonus und Malus liegen hier dicht nebeneinander. Sicher ist das in Deutschland so nicht umsetzbar, dennoch können wir aus der Systematik lernen, wie man Geschäfte macht.

Beachtenswert ist auch, daß dieser Unternehmer ganz auf Werbung verzichtet. Sehr konsequent, doch die Nachahmung erfordert Mut.

Idee Nr. 18

„So vermeiden Sie lausige Geschäfte!"

Verkauf von „alten Modellen", wenn die Modellreihe wechselt

In jedem neuen Modelljahr haben wir noch ein paar Modelle aus der letzten Modellreihe, die verkauft werden müssen. Und natürlich gibt es eine Menge Diskussionen darüber, zu welchem Preis sich diese Fahrzeuge verkaufen lassen. Da es sich gewöhnlich um eher „lausige" Geschäfte handelt, haben wir eine „Belohnung" ausgesetzt, damit die Verkäufer einen Anreiz haben, diese Modelle zu verkaufen.

In diesem Jahr war das nicht anders. Wir versahen alle Modelle mit einem niedrigen Preis, setzten sie in die Zeitung und setzten eine Belohnung von $ 100 auf jedes Auto aus. Die Belohnung wurde für jeden Dollar, den der Preis unter den veranschlagten Verkaufspreis sank, um ebenfalls einen Dollar gesenkt.

Seltsamerweise passierte folgendes: Den Verkäufern wurde schließlich klar, daß es sich um wirkliche Verkaufspreise handelte, und sie gaben auf, auf Verlangen der Kunden unentwegt auf die Verkaufsleiter einzureden, noch weiter mit den Preisen herunterzugehen und verkauften schließlich diese Fahrzeuge ohne großes Theater.

Verkäufer sind sensibel und bauen gern eigene psychologische Hürden vor sich selbst auf. Da werden nicht die echten Erwartungen und Wünsche des Kunden zu Grunde gelegt, sondern die eigenen Phantasien darüber. Und das geht meistens schief. So ist es auch mit den „alten Modellen". Was vor kurzem noch top war, ist heute hop! Der Verkäufer denkt sich die Fahrzeuge selbst schlecht, alt und unverkäuflich. Dagegen hilft nur Leidensdruck und der wird durch die Abzüge von der eigenen Provision erreicht. – Der Geldbeutel eines Verkäufers ist nämlich besonders sensibel.

Idee Nr. 19

„Montag bis Donnerstag verdient bei uns der Verkäufer mehr!"

Steigerung der Verkaufszahlen an Werktagen durch ein Bonussystem

Wir wollten in unserem Autohaus das Geschäft unter der Woche beleben. Wir setzten für jeden Verkauf, der von Montag bis Donnerstag getätigt wurde, eine Belohnung von $ 20 aus, wenn der Verkäufer einen Verkaufstermin hatte, der zu einem Verkauf führte.

Diese Boni werden dann bei unserer wöchentlichen Verkaufsbesprechung präsentiert, damit alle Verkäufer sehen können, welche Ergebnisse man durch das geschickte Vereinbaren von Terminen erzielen kann. Durch dieses Programm verkauft unser Autohaus nun 4 anstatt vorher 3 Fahrzeuge pro Tag. Und die Abschlüsse sind insgesamt gestiegen und nicht nur vom Wochenende auf andere Tage verschoben worden.

Das Wochenend-Gedrängel ist auch in Deutschland üblich. Wir fragen uns, wie viele Geschäfte an einem Freitag nachmittag oder an einem Samstag vormittag verloren gehen, weil die Verkäufer auf Grund des Andranges unter Druck stehen, nur die klaren, eindeutigen, schnellen Geschäfte machen und die Kunden, bei denen nicht alles so glatt läuft, mit weniger Aufmerksamkeit und Beharrlichkeit behandeln. – Das hier dargestellte System wirkt dieser Gefahr entgegen und schafft mehr Ertrag.

Idee Nr. 20

„Sonntags läuft's am besten!"

Einteilung des Arbeitseinsatzes der Verkäufer nach Kundenfrequenzen

Die meisten von Ihnen haben es „im Gefühl", wann am meisten Betrieb auf dem Gelände des Autohauses und in den Ausstellungsräumen herrscht, doch wie viele von Ihnen haben wirklich gemessen, was los ist?

Wir alle beschäftigen eine bestimmte Anzahl von Verkäufern. Eine gängige „Faustregel", was die Anzahl der Beschäftigten angeht, ist ein Verkäufer für 8-10 Fahrzeuge, die man verkaufen möchte. Es gibt aber leider keine Faustregel, die besagt, wie viele Verkäufer man zu einer bestimmten Zeit einsetzen sollte. Kein Markt gleicht dem anderen. Die meisten Autohäuser sind an 7 Tagen in der Woche geöffnet und die Verkäufer arbeiten in 2-3 Schichten. Kürzlich führte ich mit großer Genauigkeit eine 2-Monatsstudie darüber durch, zu welchen Zeiten die Interessenten mein Verkaufsgelände und meine Ausstellungsräume besuchten. Dadurch bin ich in der Lage, die Anzahl der Verkäufer, die zu bestimmten Zeiten oder an bestimmten Tagen im Autohaus arbeiten, besser einzuteilen.

Ich habe festgestellt, daß die Anzahl der Menschen, die meinen Ausstellungsraum besuchen, zwischen 5 Personen am Dienstagvormittag und 23 Personen an Samstagnachmittagen variiert. Es wäre nicht sehr sinnvoll, an diesen beiden Tagen und zu diesen Zeiten gleich viele Verkäufer zur Betreuung der Interessenten einzusetzen. Gewöhnlich ist das Geschäft abends sehr schwach, so daß ich ab nächsten Monat an zwei Abenden der Woche das Autohaus schließen werde; auf diese Weise kann ich in Zeiten, in denen das Autohaus stärker frequentiert wird, mehr Verkäufer einsetzen.

Eines der erstaunlichsten Ergebnisse meiner Untersuchung war, daß sonntags am meisten los war, wenn ich von „Interessenten je geöffneter Ladenstunden" ausgehe. An Sonntagen haben wir von 12:00 bis 17:00 Uhr geöffnet. Das entspricht – wenn die Interessenten pro geöffneter Ladenstunden Maßstab sind – minus 25% unseres Gesamtgeschäfts in der Woche. Wir haben die Anzahl der Verkäufer und Verkaufsleiter an Sonntagen stark erhöht.

Die Verkäufer und Manager beschweren sich nicht, wenn es zu viele Interessenten gibt, um die sie sich kümmern müssen (sie beschweren sich nur, wenn es zu wenige sind). Es geht auf Kosten des Händlers, wenn sich zu wenige Verkäufer um zu viele Interessenten kümmern müssen. Verkäufer ignorieren diejenigen Interessenten, von denen sie glauben, daß sie „sowieso kein Auto kaufen werden" (aus 200 Meter Entfernung), und sie kümmern sich nicht lange genug um die anderen Kunden, wenn sie einen neuen potentiellen Käufer ausfindig machen, der sich vielleicht noch schneller zum Kauf eines Fahrzeugs entscheiden könnte, als der Interessent, mit dem sie gerade beschäftigt sind. Ich habe, seit ich so viele Verkäufer wie möglich zu unseren Autohaus-Stoßzeiten einsetze, bereits um 22% mehr Kaufverträge abschließen können.

Amerikanische Öffnungszeiten können uns nur blaß aussehen lassen, trotz geänderter Ladenschlußzeiten. Der Sonntag ist ein beliebter Autokauf-Tag und wäre es sicher auch bei uns, wenn... – Interessant bei dieser Darstellung ist sicher zunächst die durchgeführte Kundenfrequenzanalyse, auf deren Basis dann die Personalplanung vorgenommen wurde. Auch dies sei hier zur Nachahmung empfohlen, denn das schafft Klarheit. Ja, und was man dann tun kann, zeigt unser Beispiel.

Idee Nr. 21

„Mit einem kleinen Trick findet man immer neue Verkäufer!"

Anwerbung von Juniorverkäufern

Wir haben bereits alles mögliche versucht, um andere Menschentypen für den Verkäuferberuf gewinnen zu können. Wir schalteten eine große, schön aufgemachte Anzeige, in der wir hohe Gehälter, flexible Arbeitszeit und Sozialleistungen boten. Diese Anzeige war sehr teuer und die Resonanz war spärlich. Während diese Anzeige lief, entschieden wir uns dafür, eine Kleinanzeige mit folgendem Wortlaut aufzugeben: „Rezeptionist auf Vollzeitbasis gesucht und Verkäuferstellen ab sofort zu besetzen, keinerlei Erfahrung notwendig, rufen Sie an, um ein Gespräch mit uns zu vereinbaren."

Während des Vorstellungsgesprächs erklärten wir den Bewerbern, daß die Stelle des Rezeptionisten bereits vergeben sei, daß wir jedoch einige Verkäuferstellen anzubieten hätten. Wir erklärten ihnen, daß wir unsere Verkäufer komplett selbst ausbilden würden und ihnen, solange sie sich noch in der Ausbildung befänden, $ 5 in der Stunde zahlen würden. Wir erzählten ihnen auch, daß sie für die ersten 60 Tage, die sie im Unternehmen tätig sind, $ 7 in der Stunde plus einen Bonus für jeden verkauften Wagen erhielten. Das nimmt den Druck einer Tätigkeit auf reiner Provisionsbasis und ermöglicht ihnen, Dinge dazuzulernen, die sie nicht in der Schule lernen können. Nach 60 Tagen können sie entweder bei diesem Zahlungsschema bleiben oder dazu übergehen, ganz auf Provision zu arbeiten.

Wir erzielten großartige Erfolge mit diesem System! Innerhalb von nur zwei Tagen gingen über 300 Telefonate bei uns ein, wir führten 150 Gespräche und bildeten aus dieser Gruppe 20 sehr gute Verkäufer aus.

Nun, das sind sicher andere Dimensionen. 20 Verkäufer auszubilden, dazu bedarf es schon eines sehr großen automobilen Unternehmens. Aber, was hier im Großen passiert, läßt sich auch auf kleinere Verhältnisse übertragen. Gute Verkäufer werden immer seltener und entsprechende Suchanzeigen bringen oft nur spärliche Ergebnisse. Neulinge trauen sich oft nicht, zu antworten. Hier wird es besser gemacht.

3.2 Gebrauchtwagen-Verkauf

Idee Nr. 1

„So machen Sie das Unmögliche möglich!"
Ein System zur Gebrauchtwagenvermarktung

Viele Neuwagenhändler werden mit großen finanziellen Schwierigkeiten konfrontiert, wenn sie den Gebrauchtwagen nicht erfolgreich weiterverkaufen können. Aber Sie werden dazu nicht in der Lage sein, außer Sie entschließen sich dazu, das „Unmögliche möglich zu machen". Sie können tatenlos herumsitzen und Neuwagen bestellen und schließlich werden Sie diese auch bekommen, doch Gebrauchtwagen kann man nicht bestellen. Sie müssen im Gebrauchtwagenmarkt sowohl als Käufer als auch als Verkäufer aggressiv auftreten und die Kontrolle behalten.

Im Gebrauchtwagenhandel gilt es fünf wichtige Dinge zu beachten:

I. Setzen Sie Ihre Fahrzeuge innerhalb von 30 Tagen um.

II. Kontrollieren Sie Ihre Bestände.

III. Arbeiten Sie Ihren Gebrauchtwagenmanager gut ein.

IV. Machen Sie ausreichend Werbung.

V. Setzen Sie sich hohe Ziele – das Geschäft muß gewinnbringend sein.

Nun zurück zu Punkt I:

Gebrauchtwagen müssen innerhalb von 30 Tagen ab dem Tag, an dem sie in Zahlung genommen oder gekauft wurden, weiterverkauft werden. Die Gründe dafür sind anfangs nicht ganz einsichtig, doch die Erfahrungswerte zeigen, daß die Vorteile dieser Vorgehensweise gegenüber den Nachteilen deutlich überwiegen. Es wird Ihnen nicht leichtfallen, einen schönen Wagen, an dem Sie keinen Fehler feststellen können, an den Großhandel zu verkaufen, doch hüten Sie sich davor, eine Ausnahme zu machen: bekanntlich werden Ausnahmen ja häufig zur Regel. Die Autos werden, wenn sie ordentlich überholt, anständig ausgestellt und was den Preis angeht, richtig plaziert sind (obwohl der Preis meist nicht der ausschlaggebende Punkt für einen Rückzug vom Kauf ist) innerhalb einer 30-Tages-Frist verkauft. Gründe dafür sind folgende:

1. Ihr Verkäufer ist ganz begeistert von den Fahrzeugen, wenn sie gerade erst auf den Hof gekommen sind. Sie werden feststellen, daß Sie mit neuen Autos immer gute Geschäfte machen – und zwar nicht, weil sie ein besseres Geschäft sind, sondern weil der Verkäufer ganz verrückt nach neuen Wagen ist. Je aufregender die Atmosphäre, die Sie schaffen ist, desto besser werden die Autoverkäufe laufen. Wenn sich jedoch ein Gebrauchtwagen über mehrere Wochen hinweg auf Ihrem Gelände befindet, wird er von Ihrem Verkäufer gar nicht mehr wahrgenommen, und wenn er dann schließlich doch einem Kunden gezeigt wird, geschieht das eher etwas gelangweilt.

2. Autos werden sehr schnell von Probefahrten, vom Ein- und Aussteigen der Kunden und von äußeren Einwirkungen, wie z.B. Sonne, Staub etc., unansehnlich.

3. Die Kunden kaufen nicht die Katze im Sack, d.h. sie informieren sich vor dem Kauf, selbst wenn sich ihre „Erkundungen" darauf beschränken, spät abends oder an Sonntagen Ihr Angebot zu inspizieren. Wenn sie die gleichen Autos wochenlang auf Ihrem Gelände stehen sehen, vermuten sie, daß hier etwas nicht in Ordnung ist (womit sie wohl auch recht haben), ansonsten wären sie ja bereits verkauft.

4. Sie werden feststellen, daß Ihnen der Gebrauchtwagenhandel vertrauter wird, wenn Sie kaufen und verkaufen, anstatt nur verkaufen. Wenn Sie Ihre Fahrzeuge in regulären Abständen umsetzen, kann Ihnen das kaufkräftigere Kunden verschaffen, denn die Käufer wissen, daß Sie gute, begehrenswerte Autos und keine „Schrott-Mühlen" verkaufen. Außerdem hilft dies, auch die schlechten Fahrzeuge loszuwerden.

5. Wenn Sie immer im Hinterkopf behalten, daß Sie den Wagen innerhalb von 30 Tagen entweder im Einzelhandel oder gegebenenfalls im Großhandel verkaufen müssen, werden Sie mit der Zeit cleverer und gewiefter und lassen sich bei der Begutachtung und beim Kauf mehr Zeit. Die Fehler, die Sie machen, kommen sofort zum Vorschein, also machen Sie weniger Fehler, indem Sie Ihre Entscheidungen gründlicher treffen.

Disziplin ist das A und O was den 30-Tage-Umschlag anbelangt, da Sie dazu gezwungen sind, den Wagen schnell entweder im Einzelhandel oder zur Not im Großhandel zu verkaufen, um nicht Ihr Geld in Ladenhütern zu binden. Sie werden nie schwerwiegende Probleme mit den Beständen haben, wenn sich die Fahrzeuge nur 30 Tage in der Firma befinden. Da es sich um Neuzugänge handelt, werden Ihnen die Fahrzeuge fast den gegenwärtigen Marktpreis einbringen.

II   Bestandskontrolle

Die Anzahl der Fahrzeuge in Ihrem Lager wird von ihrer Umschlagshäufigkeit bestimmt. Sie sollten versuchen, immer eine Umschlagshäufigkeit zwischen 20 und 25 Tagen zu haben. Wenn sich Ihr Angebot im Durchschnitt 30 Tage in Ihrem Unternehmen befindet, könnten Sie schon bald in Schwierigkeiten geraten. Das bedeutet, daß der Lagerbestand zum Verkauf bereit sein und nicht erst überholt werden muß. Es gibt handfeste Gründe für dieses zeitliche Limit. Wird es überschritten, kann es zu folgenden Problemen kommen:

Beispiel: Sie haben einen Bestand von 45 Fahrzeugen und verkaufen 30 Fahrzeuge im Monat. Nun sitzen Sie also auf 15 Wagen zu Vormonatspreisen und müssen sie im Großhandel loswerden. Sie sehen sich mit der Tatsache konfrontiert, daß ein Großteil des Gewinns, den Sie an den 30 zu Einzelhandelskonditionen verkauften Fahrzeugen gemacht haben, verloren geht.

Der finanzielle Verlust, den Sie machten, ist manchmal noch das Geringste. Sie verbrachten im vergangenen Monat viel Zeit damit, diese zusätzlichen 15 Fahrzeuge zu überholen, auszustellen und sauber zu halten. Tatsächlich war ein Drittel der Zeit, die Sie auf dem Gebrauchtwagengelände verbracht haben (zusätzlich zu der Zeit Ihrer Angestellten) komplett umsonst. Leider ist die ganze Geschichte damit noch nicht vorbei, denn Sie wissen, daß Sie die Wagen nun im Großhandel loswerden müssen, was wieder Zeit und Mühe in Anspruch nimmt. Tatsache ist, daß die Hälfte der Bemühungen, die Sie in diesem Monat anstellten, umsonst waren. Zählen Sie noch das verlorene Geld, die entgangenen Zinsen für unnötig in Lagerbeständen gebundenes Geld und die durch den Erwerb dieser Unmengen von Autos verlorene Zeit.

Eine andere Gefahr, die sich in zu großen Lagerbeständen birgt, ist, daß Autos durch ständiges Umstellen in Vergessenheit geraten, Dinge schiefgehen und unentdeckt bleiben, bis man versucht, das Auto im Großhandel zu verkaufen. Jetzt wissen Sie, warum Sie das Auto nicht verkaufen konnten. Noch mehr Zeit und eine Generalüberholung sind notwendig, um das Auto verkaufsfähig zu machen. Während all dieser Zeit wurde Geld ohne Grund – bis auf schlechtes Management – gebunden.

Duplikate sind zu vermeiden. Wenn Sie zwei identische Fahrzeuge in Zahlung nehmen oder wenn Sie eines in Zahlung nehmen und das gleiche bereits besitzen, sollten Sie eines sofort im Großhandel weiterverkaufen. Wenn Sie dies nicht tun, wird einer dieser Wagen sich zu einem 30-Tage-Fahrzeug entwickeln. Verkaufen Sie es jetzt, da es in 30 Tagen weniger wert sein wird. Die Chance, zwei davon im Gebrauchtwageneinzelhandel zu verkaufen, ist gering. In der Regel empfiehlt es sich, den älteren weiterzuverkaufen.

Zu hohe Lagerbestände führen zu Verlusten im Großhandelsgeschäft, da die Händler dazu neigen, die neueren und manchmal günstigeren Wagen zu verkaufen, sobald sie neu hereinkommen. Sie werden diesen Trend nicht beeinflussen können. Die alten Autos werden älter und die Verluste im Gebrauchtwagengroßhandel werden größer. Wenn die Bestände kleiner sind, müssen die Großhändler auch ältere Wagen verkaufen, vorausgesetzt sie können keine Duplikate finden.

Zu hohe Lagerbestände führen dazu, daß Ihre Kapazitäten für Reparaturarbeiten überlastet sind. Je mehr Fahrzeuge Sie haben, desto mehr Zeit nimmt es in Anspruch, diese sauber und in gutem Zustand zu halten. Es ist leicht vorstellbar, daß Sie Kfz-Mechaniker und Reinigungspersonal zu beaufsichtigen und zu bezahlen haben, die eine Unmenge an Wagen in Schuß halten, die Sie doch nie im Gebrauchtwageneinzelhandel verkaufen können. Der Verlust von Zeit und Geld ist enorm.

III   Die Aufgaben des Gebrauchtwagenmanagers

Der Arbeitstag des Managers sollte mindestens eine halbe Stunde früher beginnen als der der Angestellten.

Jeden Morgen, der Reihe nach:

1. Prüfen Sie die frisch in Zahlung genommenen Fahrzeuge und entscheiden Sie für jedes einzelne Fahrzeug, ob es im Gebrauchtwageneinzelhandel verkauft wird, oder ob es an den Großhandel weiterverkauft werden sollte. Behalten Sie nie ein Auto für den Einzelhandel, nur um einen Verlust im Großhandel zu vermeiden. Wenn ein Fahrzeug aufgrund der nachfolgend aufgeführten Gründe im Großhandel verkauft werden sollte, dann verkaufen Sie es, auch wenn dies einen Verlust bedeutet. Jedesmal wenn Sie versuchen, einen Verlust im Großhandel dadurch zu vermeiden, daß Sie es generalüberholen, wird der Verlust nur größer, ganz zu schweigen von der Zeit, die dabei vergeudet wird.

   Verkaufen Sie an den Großhandel im Falle von

   A. Duplikaten: Wenn zwei Autos des gleichen Modells, Baujahres und derselben Marke vorhanden sind.

   B. Zustand des Autos: Wenn mehr als $ 200 hineingesteckt werden müssen oder die Reparaturen mehr als drei Tage in Anspruch nehmen.

   C. Beliebtheit des Modells: Ladenhüter oder unmoderne Form.

   D. Bei zweifelhaftem technischen Zustand des Fahrzeugs.

2. Delegieren Sie sofort die Überholungsarbeiten an die dafür zuständigen Bereiche. Lasten Sie Ihre Reparaturkapazitäten immer ganztägig aus. Wenn die Arbeiten nicht noch heute in Ihrem Unternehmen vorgenommen werden können, geben Sie sie an dritte Firmen weiter. Lassen Sie keinesfalls ein Fahrzeug einen ganzen Tag stehen, ohne daß etwas daran gemacht wird.

3. Trennen Sie die Fahrzeuge, die an den Großhandel gehen räumlich von denen, die überholt werden sollen, so daß Sie auf einen Blick erkennen, wenn sich eine Menge Autos angesammelt hat. Eine Vielzahl von Fahrzeugen, egal in welchem Bereich, ist ein Zeichen schlechter Planung und Kontrolle.

4. Ihre Arbeit im Bereich Fahrzeugüberholung ist für heute beendet – denken Sie jetzt an etwas anderes. Sie haben zu viele andere Pflichten, um sich zu stark mit der Reparatur der Gebrauchtwagen zu befassen.

Wenn Sie es auf diese Weise tun, nimmt das 15-30 Minuten Ihrer Zeit in Anspruch. Wenn Sie es sporadisch im Laufe des Tages tun, zieht es sich über 2-3 Stunden hinweg.

5. Nun sollten Sie sich mit den Schreibarbeiten befassen und sie an die jeweils dafür zuständigen Stellen weiterleiten. Führen Sie Buch über Reparaturaufträge, machen Sie Geschäfte fertig, legen Sie Karteikarten über Neuzugänge an, nehmen Sie diese in die Preisliste auf, und streichen Sie verkaufte Autos. Wenn Sie das jetzt nicht machen, wird es nie gemacht.

6. Der Rest des Tages sollte mit dem Tätigen von Einzel- und Großhandelsgeschäften verbracht werden. Die Einzelheiten sind erledigt und Sie können sich voll und ganz dem Verkauf widmen.

Beachten Sie:

Wenn die Details über das Reparieren der Gebrauchtwagen und die Schreibarbeiten nicht erledigt sind, bevor die Hektik des Tages beginnt, bleiben sie unerledigt. Sie werden den Rest des Tages damit verbringen, Ihren nicht vorhandenen Arbeitsplan aufholen zu wollen. Wenn Sie keinen Plan haben, sollten Sie sich über die mangelnden Ergebnisse nicht wundern.

IV Werbung

Halten Sie die Anzeigen einfach und einheitlich. Wenn möglich, schalten Sie täglich Anzeigen in der Zeitung. Führen Sie so viele Gebrauchtwagen wie nur irgend möglich auf. Wenn Sie schöne Autos verkaufen, wird Sie der Gebrauchtwagenkäufer aufsuchen. Nicht selten kennt der Käufer Ihre Bestände besser als Sie selbst.

V Setzen Sie hohe Gewinnspannen – Rentabilität.

Wenn Sie all die Dinge, die ich erwähnt habe, beherzigt haben, dann haben Sie sehr hart gearbeitet. Deshalb sollten Sie Ihre Ware nicht unter Preis verkaufen bzw. verschleudern. Setzen Sie die Gewinnspannen nicht zu niedrig. Wir versuchen, im Durchschnitt auf $ 600 pro verkaufter Einheit zu kommen, was bedeutet, daß man einige $ 900-Geschäfte und auch einige $ 300-Geschäfte abschließt. Lassen Sie Ihren Verkäufer nicht einen neu erworbenen, begehrten Wagen zu Schleuderpreisen verkaufen, den Sie selbst mit niedriger Gewinnspanne erwarben. Ihr Manager muß den Gewinn kontrollieren.

Ihre neuesten Wagen werden den meisten Gewinn einbringen. Wenn die Autos älter werden, wird der Durchschnittsgewinn sinken. Vor einigen Jahren führte ich eine Studie über Brutto-Erträge im Gebrauchtwagenhandel durch, wenn die Fahrzeuge innerhalb von 10 Tagen verkauft wurden. Ich stellte fest, daß man das meiste Geld in den ersten 10 Tagen macht, den zweithöchsten Gewinn in den nächsten 10 Tagen erzielt, usw. bis man schließlich anfängt, Geld zu verlieren. Außerdem steigen die Wartungskosten, je länger man ein Fahrzeug behält. Diese Zahlen basieren auf Durchschnittswerten und natürlich kann es Ausnahmen geben. Doch wie ich bereits vorher erwähnte, ist es nötig, sich selbst zu disziplinieren, für sich selbst eine Linie zu finden und sich strikt daran zu halten.

Zusammenfassend kann man sagen, daß man im Gebrauchtwagenmarkt das Unmögliche möglich machen muß. Wenn ein Gebrauchtwagen einen angemessenen Preis hat, richtig hergerichtet ist, gut vermarktet wird und der Verkäufer die richtige Einstellung hat, wird er sich auch mit gesunden Gewinnen verkaufen lassen.

Haben Sie das Engagement bemerkt, mit dem dieser Händler seinen Gebrauchtwagenhandel betreibt und seinen Händlerkollegen entsprechende Empfehlungen gibt? Man spürt hier die Begeisterung, mit der das Gebrauchtwagengeschäft betrieben wird, aber auch die Konsequenz des amerikanischen Geschäftsmannes: Knallhart mit Spaß!

Idee Nr. 2

„Der Hot Spot"

**So finden Sie den besten Gebrauchtwagen-
verkaufsplatz**

1. Machen Sie eine Skizze von Ihrem Gebrauchtwagengelände.

2. Jedesmal, wenn Sie ein Auto verkaufen, markieren Sie auf dem Chart, wo das Fahrzeug stand.

3. Es wird eine Struktur zum Vorschein kommen und der HOT SPOT wird offensichtlich.

Gebrauchtwagengelände

Eine simple Idee, einfach dargestellt, die aber eine große Wirkung hat. So bekommt man schnell den „heißen Verkaufsplatz" heraus. Unsere Empfehlung: Halten Sie diese Aufzeichnungen ein Jahr lang durch, denn die „Hot spots" können an verschiedenen Stellen liegen und eventuell von der Jahreszeit abhängig sein. Notieren Sie jeweils das Verkaufsdatum, so daß Sie solche Jahreszeitschwankungen ausfindig machen können. – Die Konsequenz dieser Idee ist Ihnen natürlich klar: Dort stellt man Fahrzeuge hin, die man schnell vermarkten will.

Idee Nr. 3

„Fahrzeuge, um die sich jemand kümmert, verkaufen sich besser!"

Vermeidung von Langstehern durch das „Paten-System"

1. Jedem Verkäufer werden 2 Fahrzeuge als „Patenkinder" zugeteilt.

2. Die Verkäufer fahren die Wagen täglich, um sicherzustellen, daß sie zum sofortigen Verkauf bereit sind.

3. Während der Verkaufsbesprechung hält jeder Verkäufer eine Lobrede auf seine Patenkinder.

4. An der Windschutzscheibe jedes Fahrzeugs wird ein Schild mit einem vom Verkäufer kreierten Werbeslogan befestigt.

5. Der Verkaufsleiter behält die Verkäufer im Auge um festzustellen, ob mit deren Patenkindern etwas passiert und hilft beim Präsentieren der Vorzüge des Wagens.

6. Wenn unsere Patenkinder den Betrieb verlassen, erhält der Pate $ 100 als Belohnung.

Sie sehen hier ein einfaches System, um den Gebrauchtwagenverkauf zu verbessern. Sicher haben Sie sich auch schon häufiger die Frage gestellt, warum bestimmte Fahrzeuge so schwer vom Hof zu bringen sind. Ein Teil der Wahrheit liegt darin, daß diese Fahrzeuge für die Verkäufer eine psychologische Schwelle darstellen: Häufig mag der Verkäufer das Fahrzeug nicht oder er hat Angst, den Wagen nicht an den Mann oder die Frau zu bringen. Mit dem hier dargestellten System können Sie diesen kleinen oder großen psychologischen Sperren entgegenwirken. Sie werden sehen: Es funktioniert!

3.3 Kundendienst

Idee Nr. 1

„Der Stempel zum Glück!"

Verkauf von Kundendienstaufträgen und Garantieverlängerungen

Dies ist ein Tip, der – fast ohne Kosten – die Anzahl Ihrer Kundendienstaufträge und Verträge über Garantieverlängerungen steigen läßt.

Auf jedem Reparaturauftrag der Kunden wird kontrolliert, ob die Garantie demnächst auslaufen wird. Wenn festgestellt wird, daß die Garantie innerhalb der nächsten 6 Monate oder der nächsten 10.000 Kilometer ausläuft, wird dies auf der Kopie des Reparaturauftrages, der an den Kassierer weitergeleitet wird, vermerkt. Bei Erhalt dieser Information stempelt er folgende Nachricht auf die Kundenkopie des Reparaturauftrages:

**WARNUNG!
DIE HERSTELLERGARANTIE AUF DIESES FAHRZEUG
WIRD DEMNÄCHST ABLAUFEN. ERKUNDIGEN SIE SICH
BEI UNSEREM GESCHÄFTSFÜHRER, WIE SIE DIE
GARANTIEZEIT VERLÄNGERN KÖNNEN.**

Um dieser Nachricht mehr Nachdruck zu verleihen, haben wir eine vergrößerte Kopie unseres Garantievertrages an die Wand unseres Kundenraumes, der sich gleich neben dem Kassenschalter befindet, angebracht. Wenn der Kunde an weiteren Informationen interessiert ist, verweisen wir ihn an den Geschäftsführer. Wenn eine Garantieverlängerung verkauft wird, bekommen sowohl der Aussteller des Vertrages als auch der Kassierer jeweils $ 15.

Auf diese Weise steigen nicht nur Ihre Garantieeinnahmen, sondern der Kunde wird weiterhin alle seine Kundendienstaufträge in Ihrer Werkstatt vornehmen lassen. In den ersten beiden Monaten dieser Aktion brachte uns diese Idee unmittelbar 9 Garantieverträge, die uns netto (nach Prämienauszahlung) $ 2.520 Gewinn einbrachten. Nicht schlecht für die Anschaffungsinvestition für den Stempel von $ 15,50.

Für viele Autohäuser ist dies sicher keine Neuigkeit, denn Sie verkaufen bereits Garantieverlängerungen. Interessant aber ist es, wie man hier ohne großen Aufwand den Kunden darauf aufmerksam macht und wie Mitarbeiter durch einfache Prämienzahlungen zum Leistungsverkauf motiviert werden. Darüber hinaus wird bei diesem Vorgehen – „... erkundigen Sie sich bei unserem Geschäftsführer" – die Wichtigkeit des Kunden betont. Um den Erhalt der Garantie für den Kunden kümmert sich der Chef persönlich. Auch hier gilt: Im Focus des Geschehens steht der Kunde.

Idee Nr. 2

„So bringen Sie Ihren CSI in Hochform!"
Eine eigene Zufriedenheitsumfrage durchführen

Der ausschlaggebende Grund für dieses Programm war, den Kunden-zufriedenheitsindex (CSI = Customer Satisfaction Index) zu verbessern, indem wir:

1. den Kfz-Mechaniker für seine Arbeit verantwortlich machen.

2. die Kunden wissen lassen, daß wir großen Wert darauf legen, zu erfahren, wie sie unseren Service einschätzen.

3. es dem Kunden leicht machen, uns mitzuteilen, ob er/sie mit unseren Serviceleistungen zufrieden war oder nicht.

4. bei Problemfällen sofort in Alarmbereitschaft sind, damit wir der Ursache sofort auf den Grund gehen und diese beheben können. Der Punkt, in dem der Kunde unzufrieden war, ist im Abschnitt „Bemerkungen" auf der Kundenzufriedenheitskarte zu finden.

Nach unseren Erfahrungen funktioniert dieses System sehr gut. Wir haben eine Rücklaufquote dieser Kommentarkarten zur Kundenzufriedenheit von fast 26% (Beispiel siehe unten). Die Kunden geben Auskunft darüber, ob sie zufrieden oder unzufrieden sind. Sie führen auch an, ob der Preis oder andere Gründe neben der Werkstattleistung nicht ihren Erwartungen entsprachen. Wir sind uns sicher, daß sich die Kundenzufriedenheit verbessern wird. Seit wir dieses Programm vor drei Monaten gestartet haben, erhielten wir sehr positives Feedback unserer Kunden; sie sagen: „Vielen Dank, daß Sie sich für unsere Kundenwünsche interessieren". Weil auf den meisten der Karten, die zurückkamen, „sehr gut" angekreuzt war und viele davon mit netten Bemerkungen versehen waren, werden auch die Kfz-Mechaniker in ihrer Arbeitsmoral und ihrem Selbstvertrauen sehr positiv bestärkt. Vor Einführung des Programms bekamen sie nur zu hören, was sie falsch machten, jetzt finden sie auch Bestätigung dafür, was sie richtig bzw. gut gemacht haben. Es zeigt sich, daß sie erheblich mehr gute als schlechte Arbeit abliefern. Sie genießen auch die Anerkennung, den Wettbewerb mit den Kollegen und natürlich die Prämien des Programms.

Alles in allem sind wir davon überzeugt, daß dieses Programm sowohl auf die Kunden als auch auf die Angestellten einen sehr positiven Einfluß hat und wir empfehlen es jedem, der die Kundenzufriedenheit steigern möchte. Unser CSI liegt heute bei 97%!

Kommentarkarte

Name und Adresse des Händlers

Sehr geehrter _____

ich führte den Kundendienst an Ihrem Fahrzeug durch. Ich bin stolz auf meine Arbeit und würde gerne von Ihnen wissen, wie Sie diese bewerten. Bitte kreuzen Sie Ihre Meinung in den unten aufgeführten Kästchen an, unterschreiben Sie und senden Sie die Karte – gegebenenfalls zusammen mit Bemerkungen und Verbesserungsvorschlägen – an uns zurück. (bitte nicht freimachen; Gebühr bezahlt Empfänger)

❏ sehr gut   ❏ gut   ❏ zufriedenstellend   ❏ schlecht

Vielen Dank für ihre Mitarbeit

_____
(Unterschrift Kfz-Mechaniker)

Bemerkungen / Unterschrift: _____

_____

Diese Idee besticht unseres Erachtens durch zwei Punkte: Erstens durch die Einbeziehung der Mechaniker und zweitens durch die einfach gehaltene Rückmeldung.

Der eigentliche psychologische Trick besteht darin, daß man hier den Kunden um eine einfache, schnell ausfüllbare Antwort bittet. Wer diese gibt, wird auch später, wenn der CSI-Fragebogen vom Hersteller kommt, eine Antwort geben. Diesen Weg, der in der Psychologie als bedingte

Zustimmung bezeichnet wird, haben amerikanische Psychologen bereits in den 60er Jahren untersucht und seinen Erfolg nachgewiesen.

Nutzen Sie dieses Beispiel praktisch angewandter Psychologie! Hiermit stellen Sie eine direkte Beziehung zwischen Ihren Kunden und dem Mechaniker her. So erhöhen Sie auch die Verantwortlichkeit des Mechanikers für seine Arbeit und für die Kundenzufriedenheit.

Idee Nr. 3

„Friedensstifter"

Ein Dankeschön zur Wiedergutmachung

Es gibt Vorfälle, wo ein simples „Dankeschön" oder das Gutmachen eines Schnitzers an der Zeit sind. Mit dem "Friedenstifter-Konzept" kann man Negatives zum Positiven wenden und beim Kunden „Ausrutscher" wiedergutmachen. Es kann auch den Kundenzufriedenheitsindex verbessern, und es kostet fast nichts. Wenn man noch ein bißchen Service dazu bietet, bringt es sogar zusätzliche Gewinne ein.

Beispiel:

SIE SIND EINGELADEN
Zum Aufbau guter Geschäftsbeziehungen
erhalten Sie eine Chassis-Schmierung und
einen Ölwechsel
GRATIS

Es stellt sich vor: _____

Anschrift: _____

Marke: _____ Baujahr: _____

GM   (Name des Händlers)   GM
(Anschrift des Autohauses)
(Name des Franchisegebers)

Wir bedienen   SCHAUEN SIE BEI UNS VORBEI   Wir bedienen
alle Marken   alle Marken

autorisiert von: _____ Datum: _____

Hier einige Beispiele, wann ein „Friedensstifter" angebracht ist:

- Um „Pfusch" beim Kundendienst oder Verkauf wiedergutzumachen.

- Erlauben Sie Ihren Angestellten, einen Gutschein herauszugeben, wann immer es angebracht ist, einen aufgebrachten Kunden zu beschwichtigen.

- Verwenden Sie ihn als „Dankeschön" für Empfehlungen.

- Als Schadensersatz für nicht eingehaltene Versprechungen.

- Der Verkäufer kann einen an einen Interessenten herausgeben. Diese Methode ist besonders dann ein kluger Schachzug, wenn der potentielle Käufer die Werkstatt noch nicht kennt. Versichern Sie sich, daß die Werkstatt den Verkäufer über den Termin des Interessenten in Kenntnis setzt!

Unser Kundenzufriedenheitsindex stieg in den vergangenen 12 Monaten von Mitte 80 auf Mitte 90. Unser gegenwärtiger Quartalsdurchschnitt beträgt 100. Dies ist freilich nicht allein der Verdienst des „Friedensstifters", doch geschadet hat das Konzept ganz bestimmt nicht.

Hier zeigt sich der Erfolg von Großzügigkeit im Kleinen, den wir in den meisten Autohäusern und Dienstleistungsunternehmen in den USA vorfinden. Dort verteilt nicht nur der Chef die Großzügigkeiten, sondern auch oder gerade der Mitarbeiter. Dies führt bei den Mitarbeitern zu einem viel größeren Gefühl der Mitverantwortung. Man findet in den USA zum Beispiel in den meisten Restaurants bei Reklamationen eine enorme Kulanz, in der Regel muß man das Essen nicht bezahlen, wenn es einem nicht 100%ig geschmeckt hat. Und die Kunden nutzen dies nicht aus, wie in Deutschland so gern befürchtet wird.

Idee Nr. 4

„Stellen Sie eine Hostess ein!"

Steigerung des Kundenzufriedenheitsindexes

Im Frühjahr des vergangenen Jahres lag unser Kundenzufriedenheitsindex bei Mitte 70. Ganz egal, wie sehr wir uns bemühten, dieser Wert schien auf keinen Fall steigen zu wollen. Wir beschlossen schließlich zu versuchen, unseren Kunden ein behaglicheres Gefühl beim Besuch unseres Autohauses zu vermitteln und so ihre „Schwellenangst" etwas zu lindern.

Wir stellten eine kontaktfreudige Dame mit ansprechendem Aussehen als Hostess ein. Sie kam täglich um 6:45 Uhr und servierte Kaffe und Donuts den Kunden, die noch warten mußten. Wir boten auch jedem, der wollte, die Tageszeitung an. Dies schien unseren Kunden wirklich die Anspannung zu nehmen. Nach den morgendlichen Stoßzeiten war es Aufgabe der Hostess, Kunden des Vortages anzurufen, Fahrzeuge auszuliefern und sich um all die Dinge zu kümmern, die für die Kundenzufriedenheit wichtig sind.

Die Quartalsbewertung im September stieg auf 93 und unser heutiger Durchschnitt im Vergleich zum Vorjahresabschnitt beträgt 86. Es schrieben uns viele Kunden, um uns mitzuteilen, daß sie von diesem Service angenehm überrascht gewesen seien. Es war nicht alleine das Verdienst dieser einen Person, daß unsere Kundenzufriedenheit so enorm anstieg, doch besteht kein Zweifel daran, daß sie einen großen Teil dazu beigetragen hat.

Den Komfort für den Kunden im Autohaus zu steigern, steht im Mittelpunkt dieser Idee. Kein seltenes Anliegen in einem Land, in dem Ihnen im Supermarkt die Tüten gepackt werden und wo man Ihnen in jedem Hotel den Koffer aufs Zimmer trägt. Unsere deutschen Autohäuser könnten auch mancherorts eine gehörige Portion dieser Servicebereitschaft vertragen.

Auch hier ist es das Ziel, eine möglichst direkte Anbindung der Mitarbeiter an das Ergebnis ihrer Abteilung herzustellen. Das fördert die Verantwortlichkeit und das Mitdenken für die Ziele des Unternehmens. Lassen Sie Ihre Mitarbeiter an den Resultaten teilhaben, indem Sie die Erfolge für alle sichtbar machen!

Idee Nr. 5

„Mit farbigen Etiketten wird keine Leistungs-abrechnung vergessen!"

Ein Organisationssystem zur Erleichterung der Rechnungslegung im Service

Wir fanden es hilfreich, farbig codierte Schlüsselanhängeretiketten zu verwenden, um den für Reparaturen zahlbaren Rechnungsbetrag zu ermitteln – so konnten wir die Einnahmen für diesen Geschäftsbereich kontrollieren. Bevor wir dieses System einführten, mußten wir feststellen, daß der Kassierer/Buchhalter nicht alle ausstehenden Forderungen auf Reparaturen und Leihwagen ermitteln konnte, da er nicht wußte, was alles am Fahrzeug gemacht wurde. Um dieses Problem aus der Welt zu schaffen, führten wir folgendes System ein:

Der Kunde betritt die Werkstatt und ein Angestellter der Kundendienstabteilung nimmt einen Reparaturauftrag über die am Fahrzeug zu verrichtenden Arbeiten entgegen. Zu diesem Zeitpunkt bringt der Angestellte ein BLAUES Etikett am Schlüsselring an, das anzeigt, daß eine Werkstattrechnung fällig wird. Wenn dieser Kunde einen Leihwagen benötigt, wird zusätzlich ein GELBES Etikett am Schlüsselring befestigt. Wenn auch an der Karosserie etwas zu richten ist, bringt die Lackiererei zusätzlich ein PINKFARBENES Etikett am Schlüsselring an. Wenn der Kunde dann in die Werkstatt zurückkommt, um sein Auto abzuholen, weiß der Kassierer, daß die Rechnung Kundendienstleistungen, Leihwagengebühren und Lackierarbeiten beinhalten muß.

Unserer Ansicht nach handelt es sich bei dieser Art des Kassierens um ein effizientes, leicht nachvollziehbares und hundertprozentig sicheres Programm für unsere Buchhaltungsabteilung.

Führen Sie auch Leistungen aus, deren Weiterberechnung schon mal vergessen wird? Wenn ja, dann wäre es an der Zeit, sich ein System zu überlegen, das solch ein Vergessen von Berechnungen vermeidet. Ob Sie dabei das System des Kollegen aus den USA übernehmen oder Ihr eigenes System entwickeln, das ist gleich. Hauptsache die Kasse stimmt.

Idee Nr. 6

„Türprotektoren zum Wohle des Kunden"

Einfache Maßnahmen zum Schutz der Kundenfahrzeuge vor Beschädigungen

Wir haben eine neue Idee, die vom Personal unserer Kundendienstabteilung ins Leben gerufen wurde.

Wenn auf unserem Gelände neue Fahrzeuge von der Spedition eintreffen, entfernen die Angestellten, die für die Instandsetzung der Fahrzeuge zuständig sind, die Türprotektoren von sämtlichen Türen und geben sie – anstatt sie wegzuwerfen – der Werkstatt.

Wenn nun der Kunde sein Fahrzeug in die Werkstatt bringt, befestigen unsere Mitarbeiter eben diese Türprotektoren vor den Augen des Kunden am Fahrzeug. Damit wird zweierlei bewirkt: Zuerst einmal sind unsere Kunden zutiefst davon beeindruckt, wie sehr wir uns um ihre Fahrzeuge kümmern und welche Wichtigkeit ihrem Eigentum beigemessen wird, solange es sich in unserer Werkstatt befindet. Der zweite und offenkundige Vorteil besteht darin, daß die Fahrzeuge, solange sie sich in unserer Obhut befinden, vor Beulen und Kratzern besser geschützt sind.

Dies ist nur ein ganz kleiner Vorschlag, doch gibt er unseren Kunden einen schnellen und frühzeitigen Eindruck von der Qualität der Fahrzeuge und des Kundendienstes, den sie erhalten, wenn sie bei uns Kunde sind. Er vermittelt: „Unsere Kunden sind uns wichtig".

Kennen Sie KISS? Die Buchstaben stehen für „Keep it short and simple!" *oder „Mach's so kurz und einfach wie möglich!". Diese Idee hat unseren internen KISS-Preis bekommen für Ihre Schlichtheit und Ihre Wirksamkeit.*

Idee Nr. 7

„So verstehen Ihre Kunden Ihre Werkstatt-rechnungen besser!"

System zur Reduzierung von Rechnungs-beanstandungen

Um die Kommunikation und das gegenseitige Verständnis mit unseren Kunden zu erleichtern, wenn sie ihren Wagen vom Kundendienst abholen, haben wir eine Informationsbroschüre für die vom Kunden zu begleichende Rechnung entworfen: Darin wird erklärt, wie unsere Reparaturaufträge zu verstehen sind, wie unsere Arbeitsstunden berechnet werden und was der Kunde machen kann, wenn die von uns geleistete Arbeit seinen Ansprüchen nicht genügt. Dieses Formular wurde bereits dahingehend modifiziert, daß auch alle von uns akzeptierten Zahlungsarten aufgenommen wurden.

Die Druckerei verlangt je Broschüre $ 0,17, und wir nutzen diese Broschüre gemeinsam mit einem anderen Händler. Dieses Jahr werden wir etwa 4.000 Rechnungen ausstellen; folglich liegen unsere jährlichen Kosten bei etwa $ 340.

Durch das Hinzufügen dieser Broschüre zu unseren Service-Rechnungen konnte im Rahmen der Kundenzufriedenheit unser Garantieverhalten ein Plus verbuchen und außerdem konnten auch Mißverständnisse aus dem Weg geräumt werden, die nur reine Zeit- und Geldverschwendung sind.

Schon unser Altbundeskanzler Helmut Schmidt hat einmal gesagt: „Um eine Stromrechnung verstehen zu können, muß man heute schon mindestens Abitur haben." Uns scheint, daß dieser Satz auch auf so manche Werkstattrechnung zutrifft. Unverständlich sind da die Fachbegriffe, Abkürzungen und Codierungen. Wir meinen, dieses Beispiel könnte Schule machen, denn es trägt zur Kundenzufriedenheit bei und schont die Nerven des Chefs und der Mitarbeiter.

3.4 Teile & Zubehör

Idee Nr. 1

„Ich steh mir noch die Beine in den Bauch!"
Programm zur Qualitätssicherung in der Teile-bevorratung

Wie oft haben Sie schon folgendes Klagen gehört: „Wenn doch nur unser Vorrat an Ersatzteilen besser wäre, könnten wir effizienter arbeiten, unsere Kunden besser zufriedenstellen und mehr Geld verdienen?"

Als Teil eines Qualitätssicherungsprogramms in unserer Kundendienstabteilung, das für die Kfz-Mechaniker bestimmt ist, riefen wir ein tägliches Berichtssystem ins Leben, in dem die Ersatzteile festgehalten werden, die nicht vorrätig waren. Außerdem zählen wir, wie oft jeder Mechaniker das Ersatzteillager aufsucht.

Der Mann an der Materialausgabe führt Buch über die Besuche der Mechaniker. Wenn das Ersatzteillager die Teile nicht vorrätig hat, wird die Artikelnummer in den Aufzeichnungen festgehalten. Am nächsten Morgen nimmt der Leiter des Ersatzteillagers das fehlende Teil in den Lagerbestand und in die Verkaufsunterlagen auf.

Der Kfz-Meister erhält eine Kopie der täglichen Aufzeichnungen zur Überprüfung. In unseren Kundendienstbesprechungen werden die monatlichen Ergebnisse diskutiert.

Die täglichen Protokolle sind sehr nützlich, um Probleme in der Lagerhaltung auszumerzen, um festzustellen, wie viel Zeit unnütz am Materialschalter verbracht wird und um die Sorge über die Verfügbarkeit von Ersatzteilen zu minimieren.

Allgemein läßt sich feststellen, daß nicht zur Verfügung stehende Teile 3,5 - 4% ausmachen, die in etwa gleichermaßen auf Fehler im Aufstocken der Menge des Lagerbestandes und auf fehlerhafte Buchführung über in der Vergangenheit verkaufte Teile zurückzuführen sind.

23	Arbeitstage
1.671	Mal suchten die Kfz-Mechaniker den Ersatzteilausgabeschalter auf
44	Mal taten sie das ohne Erfolg
22	Mal waren die Teile nicht auf Lager
97,4%	Auffüllquote

Sie kennen die Klagen der Mechaniker bezüglich der Wartezeit bei der Teileausgabe und Sie kennen die Klagen der Kundendienstberater über das „dünne" Lager. Doch wie realistisch diese Klagen sind, das stellt kaum jemand fest. Hier wird uns vorgeführt, daß die Erfassung der Realität eine gute Basis für zukünftige Handlungen ist und Argumente bietet, um den nächsten Klagen entgegenzutreten.

Die Klagen, die zur Einführung des Systems führten, haben aufgehört, weil nun erstens Klarheit über die Situation herrscht und zweitens in den Besprechungen jeder Einfluß nimmt, indem er Vorschläge zur Ursachenbekämpfung auf den Tisch legt. Mit dieser Idee wird im T&Z und bei den Mechanikern eine Klärung der Situation geschaffen und auf der Grundlage solider Daten gemeinsam nach Möglichkeiten der Effizienzsteigerung gesucht. So werden aus Betroffenen Beteiligte.

Idee Nr. 2

„Wir verdienen gemeinsam!"

Ein Entlohnungssystem für das Personal im Teilelager auf Provisionsbasis

Ziele:

1. Das System muß fair sein: Sowohl gegenüber dem Unternehmen als auch gegenüber den Angestellten.

2. Das System darf nicht kompliziert sein.

3. Schließen Sie aus, daß die Angestellten für einige Positionen um mehr Geld verhandeln wollen.

4. Ein System, das gute Leistungen gut bezahlt, sanktioniert schlechte Leistungen.

5. Ein System, das Bruttoerträge und Umsatz fördert.

Das System:

Wenn der Bruttoertrag 29% oder höher ist, erhält das Team im Teilelager insgesamt 9,5% (wenn der Bruttoertrag unter 29% liegt, nur 8,5%) vom Bruttoertrag.

Jeder Angestelle erhält davon netto folgende Prozentsätze, z.B.:

Leiter Teilelager	42%
Stellvertreter Teilelager	27%
Arbeiter Materialausgabeschalter	17%
Arbeiter Materialausgabeschalter	14%
	100%

Bei dieser Zahl handelt es sich um einen willkürlichen, d.h. Ihrer eigenen Entscheidung überlassenen Prozentsatz am Gewinn, den Sie Ihren Angestellten – je nach beigemessenem Wert für Ihr Unternehmen – zuteilen.

Die Ergebnisse des Monat Mai sahen folgendermaßen aus:

Ersatzteilverkäufe: ($ 73.912) x 9,5% = Faktor ($ 7.021)

Leiter Ersatzteile	42% x $7.021	= $ 2.948	Monatsgehalt
Stellvert. Ersatzteile	27% x $7.021	= $ 1.896	Monatsgehalt
Materialausgabe	17% x $7.021	= $ 1.194	Monatsgehalt
Materialausgabe	14% x $7.021	= $ 983	Monatsgehalt
		$ 7.021	

Die Summe von $ 7.021 entspricht einem Wert von 33,2% des – nach einer Richtlinie unseres Herstellers – in diesem Unternehmensbereich erzielten Bruttoertrages.

Wäre der Bruttoertrag geringer als 29% gewesen, hätte die Summe der ausgezahlten Gehälter nur $ 6.282 betragen – wäre also bedeutend niedriger gewesen. Durch dieses Zahlungssystem arbeitet jeder Angestellte des Bereiches auf Provisionsbasis.

Wichtig ist hier unseres Erachtens, daß alle Mitarbeiter des Lagers am Erfolg der Abteilung partizipieren und so als Team arbeiten müssen, um gemeinsam Erfolg zu haben. Sie wissen selbst, daß sich so die Gruppe selbst steuert und kaum Eingriffe von „oben" notwendig sind. – Was in Deutschland die Gewerkschaft zu solcher Bezahlung sagen würde, wissen wir nicht, können es uns aber ganz gut vorstellen. Sie auch?

Idee Nr. 3

„Wie man einen Mitarbeiter einspart!"

Gehaltseinsparungen und Bonusplan im Teilelager

Nachdem wir unsere Kostenstruktur mit der anderer Mitglieder aus einer 20er Gruppe verglichen hatten, stellten wir fest, daß wir bezüglich unserer Ausgaben für Löhne und Gehälter im Lager um eine halbe Person über dem Durchschnitt lagen.

Neulich schied ein Angestellter aus der Ersatzteilabteilung aus und der Leiter dieser Abteilung bat mich, Ersatz zu genehmigen. Ich erklärte ihm, daß wir aufgrund der Geschäftslage diesmal die Stelle unbesetzt lassen würden. Er erklärte mir, daß er selbst, eine Person an der Materialausgabe und ein EDV-Angestellter, keinesfalls über die Runden kommen könnten.

Einige Tage später traf ich mich erneut mit diesem Abteilungsleiter und sagte ihm, daß ich mir im klaren darüber wäre, daß der Verlust eines Mannes an der Materialausgabe für ihn ein Mehr an Arbeit bedeuten würde, ich aber einen Vorschlag für ihn hätte. Ich wäre bereit, 1% von den Verkaufserlösen als Bonus auszusetzen, der nach seinen Wünschen unter den Angestellten der Abteilung aufgeteilt würde, wenn es der Abteilung gelänge, die Arbeit ohne den zusätzlichen Mann an der Materialausgabe zu bewältigen. Wenn sie es nicht schaffen, die Kfz-Mechaniker schnell genug zu bedienen, die Lieferungen für das Lager einzusortieren oder wenn die Aufträge nicht richtig ausgefüllt würden, dann würden wir eine Person zusätzlich einstellen. Der Jackpot mit dem Bonus würde dann natürlich wegfallen.

Überraschung! Die Abteilung arbeitet sehr effektiv, ohne Beschwerden der Mechaniker oder der Angestellten im Ersatzteillager. Der Bonus beträgt monatlich zwischen $ 550 und $ 700. Der Mann an der Materialausgabe kostete uns – Zusatzleistungen inklusive – $ 2.200 im Monat. Nun ist jeder glücklich und zufrieden, unter anderem auch ich.

Das die Abteilung trotz einer Kraft weniger noch effektiv arbeitet, zeigt, daß hier mit geringem Mitteleinsatz die Kreativität zur Bewältigung des Jobs zur Zufriedenheit aller gefördert wurde. Der Inhaber spart dabei auf einfache Weise jeden Monat $ 1.500. „Tu' was!" lautet für uns die Botschaft.

Idee Nr. 4

„Sparen, sparen, sparen...!"

Senkung der Frachtkosten

Sehr viele Händler haben sehr hohe Frachtkosten im Monat. Das kann teilweise darauf zurückzuführen sein, daß der Leiter des Ersatzteilbereichs zögert, diese Kosten direkt an die Kunden weiterzugeben.

Für uns, wie auch für die Verbraucher und den Großhandel, ist es eine Selbstverständlichkeit, die Versandgebühren auf einem separaten Bestellschein auszuweisen. Die meisten großen Einzelhandelsunternehmen (J.C. Pennys, Sears) verlangen Zustellgebühren auf Katalogbestellungen. Daher sind die Kunden bereits daran gewöhnt.

Indem wir die Kosten weitergaben, konnten wir die monatlichen Frachtkosten, die 1994 $ 2.000-$ 3.000 betrugen auf heute $ 300-$ 400 im Monat senken. Diese Ersparnisse sind reiner Netto-Gewinn. Wenn ein Teil nicht bei der wöchentlichen Bestellung aufgeführt wird, wird die Zustellung der gesamten Kundendienstabteilung, der Zentrale und dem Kunden in Rechnung gestellt.

Manche Ideen lassen sich nur sehr schwer und mit hohem finanziellen Aufwand umsetzen. Diese hier ist einfach und die Ersparnisse sind sofort deutlich ersichtlich!

Kein Kommentar! Die Sache spricht für sich selbst.

Idee Nr. 5

„Komm und hol's Dir"

Teile auf Kundenbestellung, die nicht abgeholt werden

Wir haben uns schon lange gefragt, wie man Kunden dazu bewegt, „Teile auf Sonderbestellung" abzuholen, bevor der 28tägige Rückgabezeitraum endet. Im letzten Jahr stießen wir auf dieses schwerwiegende Problem, welches das Unternehmen mehr als $ 40.000 an eingefrorenem Kapital, etwa $ 20.000 an absolutem Wertverlust und ungefähr $ 36.000 an verlorener Arbeitszeit kostete.

Die Mechaniker bestellen „Teile auf Sonderbestellung", die nicht im Lager vorrätig sind, für Kundenfahrzeuge. Viele werden für Reparaturen innerhalb der Garantiezeit benötigt, doch das ausgefallene Teil hat keinen Einfluß auf die Fahrtüchtigkeit des Fahrzeugs. Der Kunde hat es daher nicht eilig, zur Reparatur in die Werkstatt zu kommen.

Unser Hersteller ermöglicht es uns, jedes Teil ohne Strafzahlung innerhalb von 28 Tagen zurückzugeben.

Wenn das Teil nicht innerhalb von 28 Tagen zurückgegeben wird, muß es behalten werden, da die Rückgabe zu spät erfolgte oder man kann noch darauf hoffen, daß es an einen anderen Kunden verkauft werden wird. So entstehen die gefürchteten „eingefrorenen Vermögenswerte", ganz zu schweigen von den entgangenen Gewinnen auf das Teil und die zu dessen Einbau benötigte Arbeitszeit.

Wir haben in unserem Betrieb folgendes System eingeführt:

Ein kleiner farbiger Punkt wird an die untere linke Seite des Rückspiegels im Kundenfahrzeug geklebt. Dieser soll den Kunden daran erinnern, daß und wann ein Teil von ihm geordert wurde. So wird der Kunde fortwährend daran erinnert, daß das Teil bestellt wurde.

Die Telefonnummer, unter der nachgefragt werden kann, ob das Teil eingetroffen ist, befindet sich auf dem Punkt. Wir verwenden unterschiedlich farbige Punkte. Die Farbe des Punktes macht das Lager darauf aufmerksam, unter welcher Auftragsnummer das Teil bestellt wurde.

Wenn das Teil ankommt, wird der Kunde von der Sekretärin der Service-Abteilung angerufen, die versucht einen Termin zum Einbau zu vereinbaren.

Dem Kunden wird ein Erinnerungsschreiben (siehe unten) geschickt, in dem steht, daß das Teil zurückgeschickt wird, wenn der Einbau nicht binnen zwei Wochen erfolgt.

Wenn innerhalb einer Woche auf das Schreiben keine Reaktion eintritt, wird ein zweites Erinnerungsschreiben verschickt, in dem das Datum vermerkt ist, an dem das Teil zurückgeschickt wird. Eine Vollmacht zur Ersatzteilrückgabe wird ausgefüllt beigefügt.

Darüber hinaus haben wir bei unseren Mitarbeitern einen „Sonderbestell-Teileeinbau-Bonus" eingeführt, der für den Service-Leiter, den Teamleiter Kfz-Werkstatt und die Sekretärin der Service-Abteilung gilt.

Jede der oben genannten Personen erhält zu Beginn des Monats in Verbindung mit dem „Sonderbestell-Teileeinbau-Bonus" ein Guthaben von $ 100. Jedesmal, wenn ein Teil zurückgeht, weil es nicht innerhalb der erlaubten 21 Arbeitstage eingebaut wurde, werden jedem Teammitglied $ 10 vom Bonusguthaben von $ 100 abgezogen. Da die Sekretärin für das Lager und die Werkstatt arbeitet, wird sie für jedes zurückgegebene Teil nur mit $ 5 bestraft.

Hiermit möchten wir Sie über folgendes informieren:

- Das/die von Ihnen bestellte/n Teil/e für Ihr Fahrzeug ist/sind angekommen.

- Bisher ist es uns nicht gelungen, Sie hierüber telefonisch in Kenntnis zu setzen.

Bitte vereinbaren Sie bis _____ einen Termin zur Abholung / bzw. zum Einbau.

Sollten wir bis zum oben genannten Termin keine Antwort von Ihnen erhalten haben, wird/werden das/die Teil/e an den Hersteller zurückgeschickt.

Bitte setzen Sie sich so bald wie möglich mit uns in Verbindung. Wir möchten uns bei dieser Gelegenheit herzlich dafür bedanken, daß wir Ihnen mit unseren Serviceleistungen zur Verfügung stehen dürfen.

_____

Name (Unterschrift)   Datum

oder

Sehr geehrte/r Frau/Herr _____, hiermit möchten wir Ihnen mitteilen, daß:

- das/die Teil/e, die Sie für Ihr Fahrzeug bestellt haben, eingetroffen sind.

- dies eine Folgenachricht auf die Ihnen telefonisch von

_____ am _____ hinterlassene Nachricht ist.

Bitte vereinbaren Sie bis _____ einen Termin zur Abholung / bzw. zum Einbau.

Sollten wir bis zum oben genannten Termin keine Antwort von Ihnen erhalten haben, wird/werden das/die Teil/e an den Hersteller zurückgeschickt.

Bitte setzen Sie sich so bald wie möglich mit uns in Verbindung. Wir möchten uns bei dieser Gelegenheit herzlich dafür bedanken, daß wir Ihnen mit unseren Serviceleistungen zur Verfügung stehen dürfen.

_____

Name (Unterschrift)   Datum

Interessant an dieser Idee sind unseres Erachtens zwei Dinge: Der Klebepunkt im Kundenfahrzeug und das Bonus-System. Beim Klebepunkt
kann man sicherlich geteilter Meinung sein, ob der Kunde dies als „Belä-
stigung" oder Verunzierung seines Fahrzeuges ansieht. So weit wir wissen,
hat der Betrieb hiermit keine Probleme. Spannend ist das Bonus-System,
das ja eigentlich ein Malus-System ist. Da bekommt der Mitarbeiter erst
einmal ein Guthaben, das sich bei „Verfehlungen" entsprechend reduziert. Und nicht der einzelne leidet, sondern jedes Teammitglied. Da
wird jeder darauf achten, daß die bestellten Teile auch eingebaut werden.

Idee Nr. 6

„Mit einer Gegensprechanlage zu mehr Ertrag!"

System zur Verkürzung der Wartezeiten an der Teileausgabe

Kommt es bei Ihnen zu Wartezeiten an der Teilausgabe? Verlieren Ihre Automechaniker wertvolle Arbeitszeit, weil sie gemeinsam mit anderen Mechanikern auf Teile warten? Verwenden Sie eine Gegensprechanlage!– Dies wird Ihnen behilflich sein!

Installieren Sie eine kleine Gegensprechanlage zwischen jeder Reparaturbox und einen großen Lautsprecher am Materialausgabeschalter des Teilelagers. Das ist keine großartige Investition.

Jetzt erklären wir, wie das Ganze funktioniert: Der Mechaniker ruft über die Gegensprechanlage in seiner Box die Materialausgabe an und gibt der zuständigen Person die Nummer des Reparaturauftrags und die benötigten Teile durch. Die Ersatzteilabteilung nimmt den Auftrag an, bestätigt ihn und ruft den Mechaniker zurück, sobald die Teile abgeholt werden können. So kann der Mechaniker entweder in der Box bleiben und weitere Arbeiten am Fahrzeug durchführen oder die Reparatur kann innerhalb kürzerer Zeit erledigt werden.

Wenn der Auftrag zur Abholung bereit ist, ruft jemand aus dem Lager den Automechaniker in seiner Box an und sagt: „John, Du findest Deine Teile in Schachtel Nr. 5". Der Mechaniker geht daraufhin zur Materialausgabe, holt seine Teile und geht in seine Reparaturbox zurück. Es gibt kein sinnloses Herumlungern und keine Staus mehr vor der Materialausgabe. Die Produktivität steigt!!!

Wenn Sie eine Sprechanlage beim Serviceschalter haben, liegt ein zusätzlicher Vorteil darin, daß die Kommunikation schnell und effizient erfolgt. „John, wie sieht's denn mit Frau Jones' Wagen aus? Wie kommst Du voran?" „Gut! In fünf Minuten bin ich fertig, Du kannst mir schon eine andere Arbeit bereitstellen."

Dies ist ein einfaches System, das funktioniert und die PRODUKTIVI-TÄT erhöht! Der Mechaniker bleibt in seiner Box, dort wo das Geld verdient wird!

Moderne Kommunikationsmittel erleichtern nicht nur die Arbeit, sondern sie können auch den Erfolg steigern. Sicher, so modern ist eine Gegensprechanlage nun wirklich nicht mehr, aber die Idee des Umgangs mit ihr in der Werkstatt ist gut. Wir haben dieses System auch schon in Deutschland in der einen oder anderen Werkstatt kennengelernt, also ist die Idee nicht mehr so ganz frisch, aber deshalb ist es nicht weniger interessant, sie für den eigenen Betrieb zu überdenken. – Übrigens, wundern Sie sich bitte nicht über den Begriff der „Box" für den Mechanikerarbeitsplatz. Wir haben diesen Begriff direkt aus dem Englischen so übernommen, dort hat er keineswegs eine negative Bedeutung, die mit ‚eng' assoziiert wird.

 *Idee Nr. 7*

„Der Erinnerungsaufkleber für die Windschutzscheibe"

System zur Vermeidung nicht abgeholter Sonderbestellungen

In unserem fortlaufenden Bestreben, unsere Kunden nicht vergessen zu lassen, daß sie Teile auf Sonderbestellung für ihr Fahrzeug bestellt haben, haben wir einen transparenten Aufkleber entwickelt, den wir oben links an der Innenseite der Windschutzscheibe anbringen. Er dient dazu, die Kunden beständig daran zu erinnern, daß sie Teile bestellt haben; außerdem befinden sich auch Telefonnummern darauf, an die sie sich im Falle von Rückfragen oder weiteren Auskünften wenden können. Wir stellten fest, daß die Kunden seit wir diese Erinnerungsaufkleber in ihrem Wagen anbringen, ihre Sonderbestellungen schneller abholen bzw. schneller einbauen lassen.

NICHT VERGESSEN!!!

Für dieses Fahrzeug wurde in unserer Service-Abteilung ein

TEIL BESTELLT.

Wenn Sie nicht innerhalb von 7 Tagen von uns hören, setzen Sie sich bitte mit unserer Service Abteilung in Verbindung.

Ach wie schön ist es doch, daß die Probleme eines Autohauses auf der anderen Seite des großen Teiches auch nicht viel anders aussehen, als bei uns. Sicher kann man das Problem von nicht abgeholten oder nicht eingebauten Teilen auch anders angehen, die Hauptsache ist jedoch, daß hier nicht sinn- und ertraglos Kapital gebunden wird. Wenn Sie nicht diesen Lösungsansatz bevorzugen, dann hilft er Ihnen vielleicht aber dabei, über das Problem einmal tiefer nachzudenken und Ihre eigenen Lösungsansätze zu finden.

Idee Nr. 8

„Der kleine Aufkleber macht es möglich!"

Ein first-in-first-out-System für Ersatzteile

Dieser Vorschlag ist so simpel, daß Sie ihn wahrscheinlich bei Ihrer nächsten Inventur des Lagers in Ihrem Unternehmen einführen werden. Unsere Inventurhelfer kleben während des Zählens farbig codierte Aufkleber auf jeden Gegenstand. Diese haben zwei einfache, jedoch sehr wichtige Funktionen:

1. Es wird angezeigt, daß das Teil gezählt wurde.

2. Die Lagerbestände werden für Sie, den Leiter und die Angestellten der Ersatzteilabteilung datiert. Sie werden immer die markierten Teile zuerst verkaufen wollen.

Dies ist ein sehr einfaches first - in – first - out System, das es Ihnen nicht nur ermöglicht, ganz leicht mögliche Alters- bzw. Haltbarkeitsprobleme Ihrer Bestände zu entdecken, wenn Sie ins Lager gehen, sondern auch Ihren Angestellten im Ersatzteillager zeigt, welches Teil sie zuerst verkaufen sollten.

Teile, die im Lager des Autohändlers liegen, haben zumeist kein Verfallsdatum; anders als im Supermarkt. Dort wird frische Ware immer nach hinten geräumt, damit nichts im Regal über das Verfallsdatum hinaus stehen bleibt. Mit den Aufklebern machen Sie die Teile in den Regalen kenntlich, die zuerst verkauft werden sollen. Mit dieser einfachen Methode erleichtern Sie das Zählen bei der Inventur und vermeiden, daß Teile „überlagern" und in der Tiefe des Regals verschimmeln. Die Etiketten sind wie ständige Anklagen, die man möglichst schnell loswerden möchte. Folglich wird man zum Handeln getrieben, um auf irgendeine Weise das Teil zu vermarkten. Visualisierung von Ergebnissen, Erkenntnissen oder Zuständen ist ein wichtiges Mittel, um uns Menschen zum Handeln zu bewegen. Dies wird mit der „Etikettenidee" getan und darum gefällt sie uns.

Idee Nr. 9

„Wer mehr verdient, verkauft auch mehr!"

Umsatz- und Ertragssteigerung im Teileverkauf durch ein einfaches Bonussystem

Wie lassen sich Teilverkäufe im Thekenverkauf steigern? Diese Frage hat uns lange beschäftigt. Jetzt fanden wir die Antwort durch ein Provisionsprogramm für alle Angestellten des Lagers (mit Ausnahme des Abteilungsleiters). Die Provisionen basieren hier auf dem Verkauf von Teilen und Zubehör. Die Idee ist ganz einfach: Jeden Monat bekommt die Abteilung eine Zielvorgabe für Teile- und Zubehörverkäufe. Das angestrebte Ziel sind die Verkaufszahlen des gleichen Monats im Vorjahr plus 10%. Wenn das Ziel erreicht wird, erhält jeder Angestellte dieser Abteilung eine Provision von 1% auf die Einzelhandelsumsätze dieses Monats.

Um das Problem zu umgehen, daß die Preise drastisch gekürzt werden, um die Verkaufszahlen zu steigern, ist unser Computer so programmiert, daß jeder Verkauf mit weniger als 40% Bruttoertrag automatisch als Großhandelsverkauf verbucht wird und somit nicht in der Bonusberechnung berücksichtigt wird.

Mit diesem Programm wurde vor 3 Monaten begonnen. Seither verbuchen wir ganz beträchtliche Steigerungen sowohl in unseren Verkaufszahlen als auch hinsichtlich unseres Bruttoertrags. Ein zusätzlicher Erfolg liegt darin, daß auch die Moral in unserer Abteilung gestiegen ist. Das „Zusammengehörigkeitsgefühl" ist jetzt viel stärker.

November 1996 bisherige Verkäufe	$ 96.268
November 1995 Verkäufe im gleichen Zeitraum	$ 57.708
eine Steigerung von	$ 38.560 bzw. **66,8%**

November 1996 Bruttoertrag bisher	$ 24.340
November 1997 Bruttoertrag im gleichen Zeitraum	$ 41.020
eine Steigerung von	$ 16.680 bzw. **68,5%**

Geld allein macht vielleicht nicht glücklich, dennoch motiviert es ungemein. Uns gefällt, daß in diesem System eine jährliche Steigerung eingebaut ist und der großzügigen Rabattierung vorgebeugt wird. Außerdem wird das Ertragsdenken aller Mitarbeiter im Teile- und Zubehör-Bereich gefördert. Die Wichtigkeit dieses Denkens kann in Zeiten sinkender Renditen nicht deutlich genug betont werden. Zur Nachahmung empfohlen!

3.5 Gesamtbetrieb

Idee Nr. 1

„Das Anpfiff-Programm"

Kontrolle von Routineaufgaben mit eigenem System

In einem Autohaus ist es Aufgabe der Geschäftsführung, die Regeln zu überwachen und ein Beispiel zu geben.

Wegen des gehäuften Auftretens von unbedeutenden/kleineren Fehlern, wie beispielsweise verlorene Schlüssel, nicht herausgenommene Angebote, das Offenlassen von Autos und vielen anderen Dingen, die sowohl für die Verkäufer als auch für die Geschäftsführung Unannehmlichkeiten bedeuten, wurde klar, daß ein Programm zum Ausmerzen dieser Dinge nötig war. Aus dieser Idee heraus entstand das berühmte oder eher berüchtigte „Anpfiff"-Programm.

Das „Anpfiff-Programm" bindet jede Person – entweder als Individuum oder als Gruppe – in die Kontrolle täglicher Routineaufgaben ein; die Geschäftsführung muß nun nicht mehr jedem Angestellten über die Schulter sehen, um zu festzustellen, ob die Regeln eingehalten werden. Das „Anpfiff-Programm" erzeugt das Gefühl, einerseits daran beteiligt und andererseits ein maßgeblicher Teil davon zu sein.

Das Programm startete wie folgt: Gemeinsam mit der Geschäftsführung wurde eine Besprechung abgehalten, in der eine Reihe von Regeln aufgestellt wurde, die bestimmten, für welche Dinge eine Person „angepfiffen" werden durfte. Bei dieser Besprechung beschloß man zudem, daß – damit das System funktioniert – auch die Mitglieder der Geschäftsleitung „angepfiffen" werden durften. Die Strafe für einen Anpfiff beträgt für einen Verkäufer $ 1 und für Manager $ 2; Geschäftsführer müssen mehr bezahlen, weil sie eine Vorbildfunktion haben.

Es wurde eine weitere Besprechung mit allen Verkäufern und Managern abgehalten. Bei dieser Besprechung wurde das „Anpfiff-Programm" erklärt und das Feedback entgegengenommen. Das Wichtigste daran ist, daß es nicht ein Klaps auf die Hand oder eine Bestrafung ist, sondern ein Programm: Jedem daran Beteiligten wird bewußt gemacht, daß er für seine/ihre Handlungen die volle Verantwortung übernehmen muß; gleichzeitig hat er Spaß daran. Damit dieses Programm funktionieren kann, muß es Spaß machen.

Jedesmal wenn eine Person „gescholten" wird, steckt er oder sie Geld in einen großen Topf, den wir extra dafür aufgestellt haben. Außerdem schreiben die „Sünder" ihren Namen auf ein Stück Papier und stecken es in einen anderen Topf. Am Ende des Monats gewinnt die Person mit den meisten „Anpfiffen" eine „Anschiß-Trophäe", die auf seinem/ihrem Platz aufgestellt wird. Von dem Geld, das auf diese Weise zusammenkam, gehen die Mitarbeiter einmal im Monat aus. Die einzigen, die nicht bei diesem Fest sind, sind die Geschäftsführer und der Verkäufer, der die „Anschiß-Trophäe" gewonnen hat. Wenn jedoch der Verkäufer mit der „Trophäe" eingeladen wird, muß er die erste „Runde schmeißen".

Das Endergebnis des „Anpiff-Programms" ist ein fröhlicheres Team, eine glücklichere Geschäftsführung, glücklichere Händler und – daraus resultierend – ein reibungsloser funktionierendes Autohaus, das mehr Autos verkauft.

Anpfiffregeln des Monats
Die Strafen betragen $ 1.

1. Nach der Probefahrt das Namensschild hängen lassen.

2. Das Fahrzeug nach der Probefahrt nicht abschließen.

3. Schmutziger Vorführwagen.

4. Kein Benzin im Vorführwagen.

5. Schmutziger Aschenbecher im Vorführwagen.

6. Chaos auf dem Schreibtisch oder schmutziger Schreibtisch.

7. Rauchen während eines Kundengesprächs.

8. Schlampige Bestellung.

9. Unvollständige Schreibarbeiten nach Auslieferung des Fahrzeugs.

10. Das Nachfaßbuch ist nicht auf dem neuesten Stand.

11. Zu spät zur Arbeit erscheinen.

12. Zu spät zu Besprechungen erscheinen.

13. Schlüssel nicht ans Schlüsselbrett zurückhängen.

14. Das Angebot nicht zurückziehen, wenn das Fahrzeug bereits verkauft ist.

15. Keinen VERKAUFT-Aufkleber am Fahrzeug anbringen, wenn es verkauft wurde.

16. Fahrzeuge falsch parken.

17. Die Ersatzschlüssel zurück in den Aktendeckel legen.

18. Den VERKAUFT-Aufkleber nicht vom Wagen abziehen.

19. Das Angebot nicht wieder zurück in die Schublade legen.

20. Das Blatt mit den Sonderangeboten nicht täglich zurückgeben.

21. Am Schwarzen Brett nicht NEU oder GEBRAUCHT vermerken.

22. Den Tankschlüssel nicht zurück ins Buch legen.

23. Den Mitarbeitern nicht mitteilen, wenn man das Geschäft verläßt / das Schwarze Brett nicht benutzen.

24. Nicht unterschriebene Schecks annehmen.

25. Der Geschäftsführung nicht mitteilen, wenn man geht.

26. Zu spät liefern.

27. Zu einem Termin zu spät erscheinen.

Hier zeigt sich mal wieder die Fröhlichkeit und Ungezwungenheit der Amerikaner. Wir kennen in Deutschland auch das System der „Bestrafungsmark", doch nicht in dieser lockeren Art. Auch wenn man uns Deutschen die Gründlichkeit nachsagt, in diesem Beispiel haben uns die Mitarbeiter und der Geschäftsführer dieses Autohauses den Rang in diesem Bereich abgelaufen.

Idee Nr. 2

„Das Weiße Team"

Wie man Kosten in Gewinne umwandelt!

In Zeiten rückläufiger Verkaufszahlen und niedrigerer Gewinne bewirken Sie keine großartigen Änderungen, wenn Sie Ihren Autowäscher entlassen. Ich habe einen besseren Vorschlag: Warum machen Sie nicht aus seinem und einigen weiteren Jobs ein eigenes Profit Center. Auf diese Weise steht er nicht mehr auf der Gehaltsliste für Fahrzeugverkäufe, er hat einen Anreiz, produktiver zu sein und der Verkaufsleiter muß nicht auch noch zusätzlich den Autowäscher kontrollieren.

Unser neues Profit Center kombiniert die Jobs der Autowäscher, der Hofarbeiter, der Wachmänner und des Reinigungspersonals zu einem Team, das wir das „Weiße Team" nennen. Es funktioniert auf die gleiche Art und Weise wie unsere Kfz-Mechaniker-Teams in der Service-Abteilung: Es gibt einen Team-Leiter, der Vorarbeiterfunktionen wahrnimmt. Die Mitarbeiter werden nach einem Gehaltsplan für das ganze Team bezahlt, und die gesamte Arbeit wird nach den jeweiligen Arbeitsaufträgen in Rechnung gestellt: Jetzt werden die Stunden des Wachpersonals und der Aushilfen nicht mehr auf die Kostenstellen der Service- oder Fahrzeugabteilungen verrechnet.

Wir haben Bezahlungsrichtlinien entwickelt: Die Tätigkeiten werden genau beschrieben und eine Zeitpauschale mit Preisvorgaben dafür festgesetzt. Von Fahrten zum Auftanken eines Fahrzeugs bis hin zur kompletten Innenreinigung ist alles abgedeckt. Die gesamte Arbeit wird entweder dem Fahrzeug, der Abteilung oder einem Kunden in Rechnung gestellt. Über die Leistungsfähigkeit des Teams wird Buch geführt und – genau wie bei unseren Mechanikern – sie verdienen um so besser, je produktiver sie sind.

Das „Weiße Team" stellte fest, daß es auf diese Weise nicht nur für verschiedene Abteilungen des Autohauses tätig sein kann, sondern zusätzlich auch Aufträge von außen, z.B. von Privatpersonen, Gebrauchtwagenhändlern annehmen kann und somit zusätzliche Erträge erzielt. Für die gesamte Arbeit benötigen wir eine Person weniger, als wir vor Einführung des Teams beschäftigten.

Das „Weiße Team" arbeitet nun seit drei Monaten als separates Profit Center. Im Mai nahm es gerade einmal $ 1.900 weniger als die Verkaufsabteilung ein. Zugegeben, der Mai war nicht der beste Monat, was Neuwagenverkäufe angeht, doch das ist ein weiterer Grund mehr, Ausgaben in Gewinne umzuwandeln.

Ein schönes Beispiel, das uns eine andere „Denke" über sogenannte Hilfsjobs zeigt. Diese Hilfsjobs werden jenseits des Atlantiks ernster und wichtiger als in Deutschland genommen. Hier scheute man nicht davor zurück, unkonventionell zu denken und dadurch gelang es, Kosten in Erträge umzuwandeln. Hier ist nicht Kosteneinsparung und Entlassung angesagt, sondern die Frage „How to make money?". Mitarbeiter, die bisher ihre Hilfsjobs gemacht haben, werden nun zu Unternehmern. Sie werden sehen, wie fix und kreativ die Menschen werden, wenn sich ihre Leistung unmittelbar auszahlt. Es ist der direkte Bezug zwischen Leistung und „Cash", der die Lebensenergien freisetzt. Das wird in diesem Beispiel gefördert, indem das „weiße Team" Leistungen nicht nur im Haus, sondern auch an Dritte verkauft. Die Botschaft dieser Idee ist: Entwickeln Sie Unternehmertum und Dynamik bei Ihren Mitarbeitern.

Idee Nr. 3

„Machen Sie mit dem >GSB< ihr Büro zum Profit Center!"

Beteiligung der Mitarbeiter bei Kosteneinsparungen

Wir betrachten jede Abteilung unseres Autohauses als Profit Center. Warum nicht auch die kaufmännische Abteilung? Nachfolgend wird gezeigt, wie's gemacht wird.

- Beauftragen Sie Ihre Büroangestellten, sich etwas Zeit zur Aufstellung der Ausgaben zu nehmen.

- Fordern Sie Ihre Angestellten dazu auf, Auslagen jeglicher Art zu kürzen (ohne daß die Bruttoeinnahmen davon betroffen werden), und zeigen Sie ihnen auf, wie das getan werden kann, indem Sie einen schriftlichen Bericht und Informationsmaterial anführen, die ihre Befunde bestärken.

- Erklären Sie Ihrem Team, daß jede Ausgabeneinsparung zum von der Abteilung erzielten Gewinn beiträgt.

In jedem Unternehmen gibt es Ausgaben, die sich kürzen lassen – es muß nur jemand das Bedürfnis haben, sie zu kürzen.

Lassen Sie Ihre Büroangestellten die Punkte, bei denen Kosteneinsparungen gemacht werden können, auf einem sogenannten „Gewinnsteigerungsbulletin" (GSB) festhalten und fügen Sie die gesamte Hintergrundinformation bei. All dies wird dem Händler vorgelegt, der dieses Bulletin entweder akzeptiert oder ablehnt. Wird es für gut befunden, wird das GSB für dieses Geschäftsjahr in das Computerabrechnungsprogramm aufgenommen. Wenn Sie am Jahresende die gesamten GSB-Buchungen addieren, erhalten Sie den „Gewinn", den Ihre kaufmännische Abteilung in diesem Jahr erwirtschaftet hat.

Dieses Programm ist <u>fortlaufend</u>. Sobald es einmal eingeführt ist, wird es Ihrem Büroteam Freude bereiten, neue GSB-Vorschläge einzubringen, da sie auf diese Weise einen direkten Beitrag zu den Gewinnvorgaben des Autohauses leisten können.

GSB ist einfach, GSB kostet nichts bei der Einführung und – das beste daran – GSB funktioniert!

PS: Diese Idee wurde auf Recyclingpapier gedruckt, was eine GSB Einsparung von $ 75 im Monat bedeutet.

Wenn der Chef die Kürzungen anordnet, dann kommt es meist zu kleineren oder größeren Rebellionen im Betrieb. „Unmöglich" „Geht nicht!", „Benötigen wir unbedingt!", so oder ähnlich lauten dann die Aussagen der Mitarbeiter, und man kämpft wie ein Löwe um die Erhaltung dieses Besitzstandes. Mitarbeiter entscheiden da meist nicht nach rationalen Überlegungen, nein, sie entscheiden emotional, weil sie solche Kürzungen und Einsparungen als Beschneidung ihrer Freiheit empfinden. Vermeiden Sie solche Kämpfe! Lassen Sie die Mitarbeiter – wie in der Ideenpräsentation geschildert – selbst ihre Kürzungen vornehmen, dann klappt's! Oft gehen die Kürzungen weit über das hinaus, was der Chef angeordnet hätte.

Idee Nr. 4

„Sechs Regeln für echte Unternehmer!"

Wie man ein gutes Kostenkontrollsystem entwickeln kann

Nachfolgend sind sechs Regeln zur Kostenüberwachung aufgelistet, die Ihnen dabei behilflich sein sollten, die Ausgaben Ihres Unternehmens zu kontrollieren. Jeder Mitarbeiter des Unternehmens ist zur Kostenkontrolle angehalten, besonders jedoch der Geschäftsführer, der Finanzleiter und die Abteilungsleiter.

1. Lassen Sie sich den Trend der Ausgaben der letzten 12 Monate am Ende des letzten Monats vor dem Jahresabschluß noch einmal in Ihrem Computersystem aufzeigen. Achten Sie besonders auf Ausgaben, die außerhalb der Reihe auftreten. Suchen Sie sowohl Ausgaben, die niedriger als normal, als auch Ausgaben, die höher als normal sind, und finden Sie die Gründe dafür. Vielleicht müssen Sie Rechnungsabgrenzungsposten bilden, um die Ausgaben jeden Monat konstant bleiben zu lassen. Verrechnen Sie alle laufenden Kosten im laufenden Monat! Später ist NIE der richtige Zeitpunkt!

2. Gehen Sie durch, wieviel Prozent des Verkaufsgewinns auf Gehälter entfallen und wie hoch die variablen Kosten pro verkauftem Neu- und Gebrauchtwagen sind. Diese Zahlen werden Trends aufzeigen, die zu schwerwiegenden Problemen führen können, wenn sie nicht überwacht werden. Geben Sie jedem Abteilungsleiter eine Kopie von den Ausgaben seiner Abteilung zur monatlichen Kontrolle. Er sollte in der Lage sein, die Kosten zu rechtfertigen.

3. Alle Ausgaben, die $ 100 übersteigen, müssen vorher vom Hauptgeschäftsführer oder dem Leiter des Ressorts Finanzen genehmigt werden. Analysieren Sie die Effizienz und die Kosten aller langfristigen Verträge. Beraten Sie sich mit dem Vorstand, bevor Sie Verträge unterzeichnen.

4. Unterzeichnen Sie, wenn möglich, jeden Scheck! Sehen Sie sich die Deckungskonditionen der jeweiligen Schecks genau an. Versichern Sie

sich, daß der Kreditorenbuchhalter jede ungewöhnliche oder fragliche Rechnungsbuchung entweder Ihnen oder dem Finanzleiter meldet. Gehen Sie jede Ausgabe noch einmal durch: Können Sie die Dienstleistung / den Artikel woanders billiger bekommen, wann läuft der Vertrag aus, etc.? Klären Sie eventuelle Gebühren auf Rechnungen.

5. Kontrollieren Sie die Überstunden von stundenweise Beschäftigten, verwenden Sie Zeitkarten für das Verkaufspersonal. Lassen Sie den Lohnbuchhalter eine Liste von allen Verkäufern erstellen, die wöchentlich nach Stunden bezahlt werden und eine Liste über die Gesamtstunden, die über Zeitkarten bezahlt werden. Beraten Sie sich mit dem Geschäftsführer und/oder mit dem Verkäufer – was tun sie, um ihre Produktivität zu erhöhen? Gleichen Sie die Gehälter der Angestellten saisonal an, je nachdem, wie es die Geschäftslage erlaubt.

6. Verringern Sie die Arbeitslosensteuer (Anmerkung: auch FUTA tax genannt; staatliche Steuer, die der Arbeitgeber zu entrichten hat; ein bestimmter Prozentsatz des Gehalts wird weiterhin gezahlt), indem Sie die Bestimmungen für Einstellungen und Entlassungen genau befolgen. Schreiben Sie alle Einzelheiten genau auf, wenn Sie einen Angestellten entlassen. Sie könnten auf Arbeitslosen-Zahlungen verklagt werden. Wenden Sie sich an eine Beratungsgesellschaft, damit diese Ihnen bei der Formulierung von Ansprüchen behilflich ist. Eine korrekt formulierte Antwort kann Ihnen viel Geld einsparen.

Führen mit Kennzahlen ist in US-amerikanischen Autohäusern das A und O. Listen, Listen, Listen, so sehen häufig die Schreibtische der Manager aus. Knallhart wird da jede Zahl durchleuchtet und hinterfragt, das führt zu wirtschaftlichem Erfolg. Regelmäßige Auswertungen von Kennzahlen mit den Abteilungsleitern führt darüber hinaus zu Transparenz der Kostenstruktur, Einsicht und Verantwortungsübernahme, wenn es um Kosteneinsparungen geht. – In Deutschland ist dies noch völlig unterentwickelt. Wenn man bedenkt, daß in manchen Händlernetzen die kurzfristige Erfolgsrechnung auf Monatsbasis (KER) noch zur Seltenheit gehört, kein Wunder. Wir meinen, in Zeiten steigenden Wettbewerbs und immer schärferen Finanzdrucks können nur Betriebe überleben, die Kennzahlen zum täglichen Führungsinstrument machen.

Idee Nr. 5

„Applaus – O – Gramm"

Einführung eines Lobsystems im Unternehmen

Diese Idee stammt eigentlich von der Disney Company. Ich hörte davon, als ich die Disney Universität besuchte.

Wir erzählen unseren Geschäftsführern ständig davon, wie wir versuchen, „jemanden dabei zu erwischen, wie er etwas richtig macht", und dies ist ein hervorragendes Mittel, um unser Ziel zu erreichen. Sobald ein Manager findet, daß ein Mitarbeiter etwas Tolles, Herausragendes leistet oder ihn dabei „erwischt", füllt er ein „Applaus-O-Gramm" aus und gibt dem Mitarbeiter eine Kopie davon. Eine Kopie erhält die Personalabteilung für die Unterlagen des Mitarbeiters und eine weitere wird an einem gut einsehbaren Platz im Autohaus aufgehängt.

Dies erinnert nicht nur die Geschäftsführung daran, den Mitarbeitern das Lob und die „Fleißbildchen" zu geben, die sie verdienen, sondern die Angestellten erhalten auch etwas Greifbareres als nur eine verbales Dankeschön.

Wir setzen diese Vordrucke auch ein, wenn wir von unseren Kunden Dankesschreiben an unsere Angestellten erhalten und wir stellten fest, daß unsere Mitarbeiter sehr stark motiviert werden.

APPLAUS-O-GRAMM

Datum: _____

An: _____

Von: _____

Ein Applaus für Sie

für: _____

Ja, es gibt sie wirklich, die Disney-Universität, und dort kann man auch richtig studieren, nicht nur das Fach Zeichentrickfilm. Amerikaner sind in ihrem Naturell häufig sehr kindlich. Das ist nicht in einem negativen Sinne gemeint. – Wir haben uns mal in einer Broadway-Vorstellung des Musicals „The Beauty and the Beast!" mächtig gewundert, als das Publikum tosend applaudierte, als der Bösewicht zu Tode stürzte. Man freute sich riesig, nicht etwa, weil der Sturz eine besondere schauspielerische Leistung war, nein, sondern weil das Böse im Stück besiegt wurde. Das war den Applaus wert. – Diese Kindlichkeit im positiven Sinne zeigt sich auch in dieser Idee. Der Autor spricht selbst von „Fleißbildchen", was wir wahrscheinlich nie auf Erwachsene übertragen würden. Amerikaner tun das mit Leichtigkeit und haben damit Erfolg. Übrigens: Der Begriff O-Gramm ist vom Wort Telegramm abgeleitet. So gibt es in den USA eine ganze Reihe von O-Gramms, Candy-O-Gramm, das ist ein Karton voller Süßigkeiten oder ein Birthday-O-Gramm, da schickt man den Leuten zum Geburtstag eine Stripteasetänzerin, einen Männerchor oder einen Alleinunterhalter.

Idee Nr. 6

„Steak und Bohnen"

Ein Verkaufswettbewerb für alle Abteilungen

Geschichte

Seit ich im Automobilgeschäft tätig bin, kann ich auf eine ganze Reihe sogenannter „Steak-und-Bohnen-Wettbewerbe" zurückblicken. Jeder dieser Wettbewerbe hatte mit Fahrzeugverkäufen zu tun, und es wurde entweder gegen ein Team einer anderen Niederlassung gespielt oder intern gegen Verkaufsteams des eigenen Autohauses. In einem Jahr konnten wir kein anderes Autohaus in unserer Region finden, und wir wollten unsere eigenen Verkäufer nicht gegeneinander antreten lassen. Die Antwort darauf war, daß sich jeder Angestellte der Herausforderung Verkauf stellen mußte.

Aufbau

Die Verkaufs-, Teile- und Zubehör- sowie die Serviceabteilungen erhielten jeweils schwierige, jedoch erreichbare Verkaufsvorgaben für 60 Tage. Die Mitarbeiter der kaufmännischen Abteilung erreichten die Zielvorgaben. Die Ziele beinhalteten eine Anzahlung für einen guten Start in den ersten 30 Tagen und eine Bonuszahlung für den Gesamtwettbewerb. Als Faustregel nahm ich die Verkaufszahlen der vergangenen 3 bis 4 Monate der einzelnen Abteilungen und gab als Zielvorgabe etwa 10% zu; häufig jedoch setzte ich die Ziele auch nur nach gesundem Menschenverstand.

Durchführung

Zu Beginn des Wettbewerbs erhält jeder Arbeitnehmer die beigefügte Erklärung. An meiner Tür wird eine Rangliste angebracht, die täglich von den Abteilungsleitern der am Wettbewerb beteiligten Abteilungen aktualisiert wird. Zusätzlich führt jede Abteilung eine eigene Rangliste, um ihre Angestellten fortwährend an ihre Aufgabe zu erinnern. Wir haben versucht, die Veranstaltung durch Werbung zu fördern, doch stellten wir fest, daß die wirkliche Grundlage ihres „Powers" die innere Motivation der

Mitarbeiter ist. Die Mitarbeiter und die Abteilungen haben ihren Spaß miteinander und motivieren sich gegenseitig.

Bei der Endauszahlung gibt es ein Festessen für das gesamte Autohaus (Bohnen stehen nicht auf der Speisekarte). Die Verkaufsaufforderung ist so erfolgreich, daß wir jeden Teilnehmer als Gewinner ehren. Das Bankett ist ein Höhepunkt des Wettbewerbs, an dem die Bezahlung stattfindet. Gleichzeitig ist dies Anlaß zur Verleihung lustiger Auszeichnungen und die Mitglieder der verschiedenen Abteilungen ziehen sich gegenseitig auf. Ich selbst nehme die Veranstaltung zum Anlaß, Urkunden für 5- und 10jährige Betriebszugehörigkeit zu verleihen. In jedem Jahr kommen neue Einfälle dazu, die die Qualität und das Vergnügen des Festes weiter steigern. An dem auf das Bankett folgenden Sonntag schließen wir das Autohaus und veranstalten ein unternehmensinternes Golfturnier.

Ergebnisse

Das ganze Programm wirkt Wunder wenn es darum geht, die Belegschaft des Betriebes „zusammenzuschweißen". Was als nachträgliche Idee, nämlich das Einbeziehen des Lagers und der Werkstatt begann, zeigte sich als treibende Kraft des Erfolges. Die Gesamtkosten des Programmes liegen zwischen 20.000 und 30.000 Dollar. Unser absoluter Gewinn für jeweils 60 Tage sieht folgendermaßen aus:

	Gewinn	prozentualer Anstieg in %
60 Tage 1988 (kein Wettbewerb)	158.350	-
60 Tage 1989, 1. Wettbewerb	232.583	47%
60 Tage 1990, 2. Wettbewerb	288.738	24%
60 Tage 1991, 3. Wettbewerb	344.999	24%

Es funktioniert und macht Spaß!

Unser aktueller Wettbewerb

Es ist wieder an der Zeit, etwas Spannung ins Spiel zu bringen und mit unserem 6. „Steak-und-Bohnen-Wettbewerb" der Herausforderung eines

Wettkampfes ins Auge zu sehen. Dieses Jahr liegt die Besonderheit darin, daß wir im Juni beginnen und der Wettbewerb 90 Tage dauert. Unsere Verkäufe vor einem Jahr lagen immer in Rekordnähe – das bedeutet, daß wir hohe Ziele anstreben, eine Menge Preisgeld zu vergeben haben (über $ 40.000) und daß jede Menge Stolz auf dem Spiel steht.

Wettbewerbszeitraum: Es gibt drei Zeitabschnitte und den Gesamt-wettbewerb:

1. 1. Juni bis 30. Juni
2. 1. Juli bis 31. Juli
3. 1. August bis 31. August
4. 1. Juni bis 31. August = Gesamtwettbewerb

Teilnehmer:

Alle Angestellten der Verkaufsabteilung (Eigentümer eingeschlossen)

Alle Angestellten des Teilelagers

Alle Angestellten der Autovermietung, des Kundendienstes, des Zubehör-bereichs, der Personalvermittlung und alle Büroangestellten.

Ziele:

	Juni	Juli	August	GESAMT
Fahrzeugverkäufe der Verkaufsabteilung	250	260	275	785
Verkäufe in $ Teile	840.000	820.000	885.000	2.545.000
Erträge in $ Autovermietung, Zubehör, Personal-vermittlung und Kundendienst	460.000	450.000	485.000	1.395.000

Auszahlung/Gewinn

In jedem der drei Zeiträume wird das Team, das den höchsten Prozentsatz des in dieser Periode angestrebten Ziels erreicht hat, pro Teammitglied jeweils $ 75 erhalten.

Wenn alle drei Teams ihre Periodenziele erreichen, setzt sich die Auszahlung folgendermaßen zusammen: 1. Platz: $ 100 pro Mitglied; 2. Platz: $ 75 pro Teammitglied, Büroangestellte eingeschlossen; 3. Platz: $ 50 pro Teammitglied.

Auszahlung – Gesamtwettbewerb

Das Team, das bis zum 31. August den höchsten Prozentsatz des angestrebten Gesamtzieles erreicht, erhält pro Mitglied $ 100.

Wenn zwei Teams ihre Gesamtziele erreichen, sieht die Zahlung wie folgt aus: die Mitglieder des Teams, das den ersten Platz erreicht, erhalten jeweils $ 100; die des zweiten Platzes und die Büroangestellten erhalten $ 50.

Wenn alle drei Teams ihr Gesamtziel erreichen, ergibt sich folgende Auszahlung: Team auf Platz 1: $ 150 pro Mitglied; Platz 2: jeweils $ 100 pro Mitglied und für Büroangestellte; Platz 3: $ 50 pro Mitglied.

Die Auszahlung der Preisgelder für die ersten beiden Zeiträume erfolgt am 10. des Folgemonats oder sogar vorher (sobald die genauen Zahlen vorliegen). Die Auszahlung für die dritte Periode und die Prämie für den Gesamtwettbewerb erfolgt bei unserer Prämienfeier.

Prämienfeier

Um das Ende des harten, erbitterten Wettbewerbs zu feiern, werden wir das Autohaus am 10. September um 18:00 Uhr schließen und es auch am 11. September nicht öffnen. Am Samstag, den 10. September werden wir abends im Hauptbetrieb für alle unsere Mitarbeiter ein Prämienfeier-Bankett abhalten, um deren Bemühungen zu honorieren. Am Sonntag, den 11. September werden wir im North Park unser Firmen-Picknick veranstalten.

Vor uns liegt eine Menge harter Arbeit, jedoch auch eine Menge Spaß und die Möglichkeit, hohe Prämien zu erzielen. Laßt uns sowohl im Juni, Juli und August Rekordzahlen für unser Autohaus erzielen!

PS: Um für den jeweiligen Zeitraum gewinnberechtigt zu sein, müssen die Mitarbeiter sowohl zu Beginn der Periode als auch bei Auszahlung der Prämien bei uns angestellt sein.

Sicher haben Sie erkannt, woher der Begriff „Steak-und-Bohnen-Wettbewerb" kommt. Das Essen am Ende des Wettwerbs scheint hier für den Begriff Pate gestanden zu haben. Wahrscheinlich noch aus alten Zeiten, als die Cowboys am Lagerfeuer Steak und Bohnen aßen. Ob die auch schon solche Wettbewerbe durchgeführt haben? Sicher doch, denn bis heute sind die Rodeos beliebte Freizeitveranstaltungen im Mittleren Westen der USA. – Schauen Sie sich nochmals die Ertragsaufstellung dieses Händlers an! Da werden erhebliche Steigerungen durch den Wettbewerb erzielt. Die vom Unternehmer eingesetzten Preisgelder verschwinden doch bei solchen Erträgen. – Wie wäre es mit einem „Schnipo-Wettbewerb" in Ihrem Unternehmen? Übrigens: Schnipo ist Schnitzel und Pommes.

Idee Nr. 7

„Schluß mit den Fehlzeiten!"

Wie mit Bonuszahlungen die Fehlzeiten reduziert werden

Fehlzeiten kosten die Unternehmen jährlich unzählige Millionen von Dollars. Jeder von uns hat schon einmal das Theater erlebt, das entsteht, wenn ein Arbeitnehmer nicht zur Arbeit erscheint. Es kann sich um entgangene Verkäufe handeln, um Arbeit, die nicht rechtzeitig oder auch gar nicht erledigt wird und um zusätzlich entstehende Kosten für Überstunden oder Aushilfen. Die Aufzählung ist hier keineswegs beendet!

Vor Jahren führten wir in der gesamten Gruppe ein Programm ein, das dem Unternehmen Tausende an Dollars an verlorener Zeit und Überstunden einsparte und zu größerer Effektivität führte. Dieses Programm beinhaltet auch einen Anwesenheitsbonus – sowohl für fest angestellte Vollzeitkräfte als auch für Aushilfen. Wenn man sagt, es funktioniere gut, ist das noch eine Untertreibung, denn in unserer Buchhaltungsabteilung gab es im letzten Jahr keinen einzigen Fehltag und in anderen Abteilungen waren ebenfalls so gut wie keine Abwesenheiten zu verzeichnen. Der Bonus wird von den Mitarbeitern sehr geschätzt und trägt dazu bei, die Arbeitsmoral zu erhöhen.

Die Angestellten teilten uns mit, daß sie gelegentlich morgens aufwachten und das Gefühl hatten, nicht zur Arbeit gehen zu können. Sie waren sich aber bewußt, daß dieses Verhalten ihnen finanzielle Einbußen einbringen könnte und sind daher an ihrem Arbeitsplatz erschienen.

Im Land des „Hire and Fire" bleibt man auch schon mal unentschuldigt von der Arbeit fern. Für viele Betriebe ist das ein echtes Problem. Man hat das in diesem Beispiel einfach aber wirkungsvoll in den Griff bekommen.

Lieber neuer Mitarbeiter,

herzlich willkommen in der Familie der XYZ Händler. Ihre neue Position berechtigt Sie zur Teilnahme an unserem Anwesenheits-Bonusprogramm. Wir möchten dies zum Anlaß nehmen, Ihnen das Programm vorzustellen.

In jedem Jahr haben Sie die Chance, einen jährlichen Bonus von $ 250 zu erhalten, der jeweils am 15. Dezember ausbezahlt wird. Das Programm beginnt jeweils am 1. Dezember und endet am 30. November. Der Bonus wird bei jeder unentschuldigten Abwesenheit im laufenden Jahr um jeweils $ 50 reduziert. Sie erhalten monatlich den Status Ihres gegenwärtigen Bonusstandes.

Wir hoffen, daß Sie dieses Programm voll ausnützen werden.

Vielen Dank

Bitte beachten Sie:

Wenn Ihre Einstellung zwischen dem ... erfolgte,	beläuft sich Ihr Bonus für das laufende Jahr auf folgenden Betrag:
1. Dezember und 29. Februar	$ 250
1. März und 31. Mai	$ 200
1. Juni und 31. August	$ 150
1. September und 31. Oktober	$ 100
1. November und 30. November	– 0 –

Idee Nr. 8

„Der 50. und der 80. Tag"

Ein Leistungsbewertungsbogen für Mitarbeiter in der Probezeit

Dieser Berichtsbogen muß vom Vorgesetzten am 50. und am 80. Tag der Probezeit ausgefüllt werden. Wenn die Leistung des Mitarbeiters zu irgend einer Zeit während der Probezeit ungenügend ist, sollte dieser Bogen sofort ausgefüllt werden. Ausgefüllte Bögen müssen an die Personalabteilung gesandt und in der Personalakte des Angestellten aufbewahrt werden.

Name des Angestellten   Datum der Anstellung

50-Tage-Bericht fällig am: _____ 80-Tage-Bericht fällig am: _____

Fortschritte des Angestellten

(kreuzen Sie
eine Möglich
keit an)

	JA	NEIN
1. KENNNISSE DER ARBEIT: Kennt der Angestellte die Erfordernisse der Arbeit gut?		
2. QUALITÄT DER ARBEIT: Ist die Arbeitsqualität gut?		
3. QUANTITÄT DER ARBEIT: Ist die Arbeitsquantität in Ordnung?		
4. SICHERHEIT: Bemüht sich der Angestellte, sicher zu arbeiten, hält er sich an Vorschriften?		
5. INITIATIVE: Ergreift der Angestellte Eigeninitiative?		
6. ZUVERLÄSSIGKEIT: Können Sie sich darauf verlassen, daß er Ihre Anweisungen befolgt?		

7. BETRAGEN: Befolgt der Angestellte die unternehmensinternen Regeln?

8. PÜNKTLICHKEIT: Erscheint der Angestellte regelmäßig pünktlich zur Arbeit?

9. ZUSAMMENARBEIT: Versucht der Angestellte ein gutes Team-Mitglied zu sein?

10. ARBEITSEINSTELLUNG: Glauben Sie, daß er seine gegenwärtige Arbeit mag?

11. EINSTELLUNG ZUR FIRMA: Scheint sich der Angestellte bei uns wohl zu fühlen?

12. Wurde der Angestellte komplett ausgebildet?

13. Macht der Angestellte zufriedenstellende Fortschritte in der Ausbildung?

(Anzahl)

14. ANWESENHEIT: Wie viele Fehltage sind seit der Anstellung zu verbuchen?

15. ZUSPÄTKOMMEN: Wie häufig kam der Angestellte seit seiner Anstellung zu spät?

16. Wie würden Sie diesen Angestellten im Vergleich zu anderen Angestellten mit der gleichen Erfahrung einstufen?

definitiv unter Durchschnitt ◯

unterdurchschnittlich, macht aber Fortschritte ◯

leistet durchschnittliche Arbeit ◯

definitiv überdurchschnittlich ◯

außerordentlich gut ◯

DATUM   UNTERSCHRIFT VORGESETZTER

141

Die Amerikaner haben die Checkliste erfunden, und sie sind nach wie vor Meister in dieser Diziplin der betrieblichen Organisation. Kein Wunder in einem Land, in dem es kein duales System der Berufsausbildung gibt und viele Ungelernte erst mit dem Job ihre Tätigkeit erlernen. Da muß man viel vereinheitlichen, festschreiben und kontrollieren. Das hilft! – Wer ärgert sich nicht darüber, eine Anweisung immer wieder zu wiederholen, damit sie nur annähernd so ausgeführt wird, wie man es sich vorstellt? Warum auch Abläufe immer wieder neu durchdenken, wenn sich ein Vorgehen einmal bewährt hat? Die Checklisten-Kultur hat also durchaus viele Vorzüge.

Fluktuation ist teuer und noch teurer ist es, einen untauglichen Mitarbeiter später wieder „los zu werden". Da ist es doch besser, während der Probezeit mal genauer hinzusehen. Tun Sie es! Der hier dargestellte Leistungsbewertungsbogen hilft Ihnen dabei.

Idee Nr. 9

„Der Gesundheitsbonus"

System zur Zahlung eines Sonderbonus

Die Angestellten erhalten und qualifizieren sich für eine Sonderbonus-Zahlung, wenn gilt:

1. Das Schema zur Zahlung eines Sonderbonus gibt es nur für Angestellte, die nach Stunden bezahlt werden. Da nach Stunden bezahlte Mitarbeiter Krankheitstage nicht bezahlt bekommen, entwarfen wir einen Plan, der ihnen einen Anreiz bietet, jeden Tag zur Arbeit zu erscheinen.

2. Die Angestellten qualifizieren sich für einen Bonus für das laufende Jahr, wenn sie bis zum 31. Dezember 90 Tage am Stück vollzeitbeschäftigt waren. Der Bonus wird im Januar ausbezahlt.

3. Ein Angestellter kann maximal 60 Stunden (7,5 Tage) als Bonus ausbezahlt bekommen, wenn er das ganze Jahr über keine Fehlzeiten hatte. Diese Zahl errechnet sich, wenn man für eine 40-Stunden-Woche das Eineinhalbfache bezahlt. Wenn Sie unter dem Jahr krank gewesen sind, berechnen sich Ihre Bonusstunden nach folgendem Kalkulationsschema:

Anzahl der Fehltage	Zahlung von Bonusstunden
1	32
2	24
3	16
4	8
5	0

Diese Bonusstunden werden anteilsmäßig auf die Anzahl der Monate im Jahr aufgeteilt, in denen Sie beschäftigt waren.

Ist Ihnen diese Idee zu fern von Ihrer eigenen Realität? Dann geht es Ihnen so wie uns, als wir diese Idee zum ersten Mal lasen. Wir wollten sie schon weglegen, doch dann ging uns eine Frage durch den Kopf: Was ist eigentlich so viel anders bei uns? Wir versuchten diese Frage zu beantworten und fanden, daß bei uns zwar die Krankheitstage bezahlt werden, aber auch, daß man Gesundheit belohnen kann. Darum funktioniert das hier dargestellte System auch bei uns, wenn man es etwas unseren Gegebenheiten anpaßt. Warum sollten wir nicht jemanden belohnen, der in diesem Jahr stetig und pünktlich zur Arbeit kam und nicht seine Herbstgrippe nahm? Vielleicht tut dieser Mitarbeiter auch mehr für seine Gesundheit. Nicht die Kranken sollten bestraft werden, sondern die Gesunden belohnt!

Idee Nr. 10

„Der Kunde ist ein menschliches Wesen!"
Einstellungsgrundsätze der Kundenbehandlung

Der Kunde

- Der Kunde ist die wichtigste Person, ganz gleich in welcher Branche.

- Der Kunde ist nicht auf uns angewiesen, sondern wir auf ihn.

- Der Kunde hält uns nicht von unserer Arbeit ab. Er ist der Sinn und Zweck der Arbeit.

- Der Kunde tut uns einen Gefallen, wenn er unser Geschäft betritt.

- Wir tun ihm keinen Gefallen, wenn wir ihn bedienen.

- Der Kunde ist Teil unseres Geschäfts – er ist kein Außenstehender.

- Der Kunde ist nicht nur eine statistische Nummer. Er ist ein menschliches Wesen aus Fleisch und Blut und hat Gefühle wie wir selbst auch.

- Der Kunde verdient es, so höflich und aufmerksam wie irgend möglich von uns behandelt zu werden.

- Der Kunde ist jemand, der mit seinen Bedürfnissen oder Wünschen zu uns kommt. Unsere Aufgabe ist es, diese zu erfüllen.

- Der Kunde ist das Lebenselixir dieses und jedes anderen Geschäfts.

- Ohne ihn müßten wir unsere Pforten schließen.

Vergessen Sie das nie!

Man mag über solche Darstellungen denken wie man will. Uns gefallen sie jedoch besser, als die „Wir sind hier bei der Arbeit und nicht auf der Flucht"-Plakate, die in vielen deutschen Betrieben zu sehen sind. – Wir meinen, daß es sich durchaus lohnt, diese Leitgedanken immer wieder mal vor Augen zu führen.

Idee Nr. 11

„Acht Geschäftstugenden, die ein Unternehmen beherzigen sollte!"

Erkenntnisse eines erfahrenen Unternehmers

Prüfen Sie, was Sie erwarten! Jeder einzelne Arbeitstag zeigt Möglichkeiten auf, wie das Führen von Mitarbeitern, der Umgang mit Produkten, Geld und Kunden verbessert werden könnten. Nachfolgend finden Sie einige Tips, wie sie geradewegs Ihren Gewinn verbessern können.

Handeln Sie streng nach Geschäftsplan. Um erfolgreich operieren zu können, muß man wissen, wohin man möchte; man braucht einen Standard, um Fortschritte messen zu können, und man muß wissen, wie das Geschäft in jeder Hinsicht dasteht. Dies kann man erreichen, indem man sich einen Geschäftsplan erarbeitet.

Sorgen Sie für ausreichend Kapital. Mangelnder Cash Flow kann Ihre Routinetätigkeiten Ihres Unternehmens zum Stillstand bringen; außerdem wird ein Warnsignal an potentielle Investoren und Kapitalgeber ausgesandt. Um diese Situation zu vermeiden, sollten Sie einen Alternativplan für den Fall einer Kapitalknappheit entwickeln.

Bewahren Sie den Überblick über Ihre Finanzdaten. Mangelnde Kenntnis der Gesamtkosten, Produktivität und Konjunkturlage kann die Gewinne beeinträchtigen. Machen Sie Ihre Hausaufgaben, indem Sie angesichts Ihrer Unternehmenszahlen und wichtiger Geschäftsverträge auf dem laufenden bleiben.

Schätzen Sie Ihre Kunden. Kundenzufriedenheit und gutes Feedback der Kunden sind für den Erfolg Ihres Unternehmens unerläßlich. Betonen Sie gegenüber Ihren Angestellten, daß Kundenzufriedenheit an erster Stelle steht.

Halten Sie Ihre Angestellten auf dem laufenden. Mangelnde Kommunikation im Unternehmen trägt zu schlechter Arbeitsleistung und zum Aufbau von Barrieren zwischen der Unternehmensführung und den Mitarbeitern bei.

Seien Sie clever beim Kauf neuer Technologien. Kaufen Sie die Ausstattung, die Sie zum Erledigen Ihrer Tätigkeiten benötigen, verfallen Sie jedoch nicht der Idee, immer auf dem neuesten technischen Stand sein zu wollen. Der teuere Supercomputer von heute wird ganz schnell zum günstigen Schnäppchen von morgen.

Arbeiten Sie zusammen. Alle Tätigkeiten, die nicht im Team erledigt werden, holen nicht das Äußerste aus Ihrem Unternehmen heraus. Hören Sie anderen zu, delegieren Sie Verantwortung und teilen Sie den Erfolg.

Natürlich besteht der erste Schritt zu Verbesserungen darin, sich mit jedem einzelnen Aspekt des Unternehmens zu beschäftigen – vom Verkauf bis hin zur Rechnungsstellung. Wandeln Sie diese Probleme in Lösungen um.

Acht einfache „two-letter-words" oder bei uns würde man es vielleicht „Goldene Regeln" nennen. In den Ideenrunden der 20er Gruppen werden auch ab und an Geschäftsphilosophien vorgestellt. Das sind häufig Erfahrungen von Unternehmern, die diese in vielen Geschäftsjahren gesammelt und einmal zu Papier gebracht haben. Wir wollten Ihnen auch dies nicht vorenthalten. Häufig erkennt man in diesen Philosophien eine amerikanische Grundhaltung, die man mit dem deutschen Sprichwort „Jeder ist seines eigenen Glückes Schmied!" umschreiben könnte. In Amerika heißt es stattdessen: „If it is to be, it is up to me."

Idee Nr. 12

„Paragon Multi-Circuit Mikroprozessor"

Kosteneinsparung bei der Beleuchtung des Betriebsgeländes

Unser Autohaus befindet sich auf einem Grundstück, das etwa einen Hektar groß ist. Wir haben 35 Außenleuchten zur Beleuchtung der Parkplätze während der Abendstunden und als Sicherheitsbeleuchtung während der Nacht. Bei all diesen Lampen handelt es sich um Energiesparlampen, die jeweils zwischen 250 und 1000 Watt stark sind. Die Gesamt-Watt-Zahl setzt sich folgendermaßen zusammen:

13 Lampen à 250 Watt	=	3.250 Watt	
20 Lampen à 400 Watt	=	8.000 Watt	
2 Lampen à 1000 Watt	=	2.000 Watt	
Gesamtwattzahl pro Stunde	**=**	**13.250 Watt**	

Bei unseren lokalen Kilowatt-Strompreisen entspricht das $ 1,49 in der Stunde für die Außenbeleuchtung.

In den vergangenen Jahren haben wir sowohl Zeitschaltuhren als auch Photozellen benutzt, manchmal haben wir es sogar mit einer Kombination aus beiden probiert. Wie jeder von uns weiß, ändert sich die Zeit des Sonnenauf- und -untergangs durch das Drehen der Erde unentwegt. Daher waren alle mechanisch einstellbaren Schaltuhren nicht exakt – ganz zu schweigen davon, daß die Uhren anfällig für Stromausfall waren. Es kam mir vor, als wären sie – jedesmal wenn ich sie überprüfte – gerade ausgefallen. Die Photozellen konnten hingegen, obwohl sie auf die Lichteinstrahlung reagierten, nicht den vielen Abstufungen vom Sonnenaufgang bis zum Sonnenuntergang, vom Sonnenuntergang bis zum Ladenschluß und vom Sonnenuntergang bis zum Ladenschluß plus 10 Minuten gerecht werden. Außerdem variieren unsere Öffnungszeiten unter der Woche. Dazu kommt noch, daß vierteljährlich eine Photozelle ausfiel; die Kosten betrugen hier pro Photozelle 35 Dollar plus die Arbeit, sie auszuwechseln. Diese Methode zur Regulierung der Beleuchtung war sehr teuer.

Meinen Schätzungen zufolge kostete uns dieses Problem zwei Kilowatt pro Tag. Wenn ich mit meiner Schätzung richtig lag, kostete uns demnach die

Beleuchtung $ 1.087,70 im Jahr. Der damit verbundene Ärger, daß einem ständig mitgeteilt wurde, daß man die Lampen entweder ein- oder ausschalten müsse, ist hierin aber noch nicht enthalten.

Ich kaufte einen Paragon EC74/120D für 520 Dollar und ließ ihn für weitere 300 Dollar installieren. Dieser Mikroprozessor hat 4 Schaltkreise, die für 8 Tage unabhängig voneinander programmiert werden können. Der Computer kann bis zu 32 Ferientage speichern; hier spielt der 8-Tages-Plan wieder eine Rolle. Er hat einen eingebauten Schaltkreis, der sich an Schaltjahre anpaßt; er weiß bis ins Jahr 2100 hinein, wann die Sonne auf- und untergeht, und er paßt sich tagsüber automatisch den Sparzeiten an. Er ist zusätzlich noch batteriebetrieben, so daß er bei Stromausfällen weiterhin voll einsatzfähig ist.

Nachdem ich diesen Beleuchtungscomputer installiert hatte, kontrollierte ich unseren Stromverbrauch in den folgenden 6 Monaten. Der EC74/120D reduzierte unseren Verbrauch um durchschnittlich 100 Kilowatt im Monat. Nach einem halben Jahr hatten wir etwa 600 Kilowatt eingespart. Auf das Jahr umgerechnet sind das etwa 1.800 Dollar. Dies ist weitaus mehr als man braucht, um den Kaufpreis und die Installation des Mikroprozessors abzudecken.

Ein zusätzlicher Vorteil bestand darin, daß – da ich nur drei Kreisläufe für die Außenbeleuchtung benötige – ein vierter Kreislauf verfügbar war. Erst letzten Monat programmierte ich diesen Kreislauf darauf, unsere elektrischen Boiler zu kontrollieren. Unser lokales Energieversorgungsunternehmen informierte mich, daß Boiler einen sehr hohen Stromverbrauch haben. Bisher habe ich noch keine Zahlen hinsichtlich der Ersparnisse, doch ich werde den Kilowattverbrauch der kommenden Monate verfolgen. Ich bin sicher, daß die Ersparnisse enorm sein werden.

Wir wissen nicht, ob der hier genannte Prozessor in Deutschland verfügbar ist. Nur wenige Leser werden auch genau das Problem haben, das hier beschrieben wurde. Die Außenbeleuchtung ist hier schon gigantisch. Kein Wunder bei der Größe des Grundstücks. Dennoch macht es für uns Sinn, Ihnen diese Idee darzustellen. Hier wird deutlich, wie durch eine intensive Beschäftigung mit einer Sache erhebliche Kosten gespart werden. Und das hier dargestellte Beispiel möchte Sie dazu anregen, den einen oder anderen Bereich Ihres Betriebes einmal mit solchen Kostengedanken zu beleuchten.

Idee Nr. 13

„So profitieren Sie vom Preiskampf bei den Telefongesellschaften!"

Kosteneinsparungen durch die Wahl des richtigen Anbieters

Durch die kürzlich eingetretene Deregulierung in der Telekommunikationsindustrie wurde wegen der vielfältigen lokalen Zugriffsmöglichkeiten ein viel wettbewerbsintensiveres Umfeld für die von uns beanspruchten Telefonserviceleistungen geschaffen. Zusätzlich zu US West haben wir in unserem kleinen Markt zwei weitere lokale Anbieter zur Auswahl.

Da wir in manchen unserer Betriebe ein neues Telefonsystem brauchen und unser Vertrag für Ferngespräche demnächst ausläuft, holen wir Angebote für alle von uns benötigten Telekommunikationsdienste ein. Das Paket, das wir den Verkäufern anboten, enthielt örtlichen Zugang ins Telefonnetz, Ferngespräch-Service und die Hardware für ein neues System. Mit den Reaktionen, die wir darauf erhielten, sind wir sehr zufrieden.

Jedes der beiden neuen lokalen Telekommunikationsunternehmen unterbreitete uns ein Angebot für Orts- und Ferngespräche und machte uns – über ein ihnen angegliedertes Hardwareunternehmen – ein Angebot über direkte Preisnachlässe auf unser neues Telefonsystem. Unser derzeitiger Ferngesprächsanbieter MCI bot uns einen pauschalen Preisnachlaß von $ 10.000, den wir für den Kauf eines neuen Systems für Ferngespräche verwenden sollten.

Das beste Angebot, das wir erhielten, beinhaltete folgende Leistungen:

- Preisnachlässe von 20% auf unsere derzeitigen Ferngesprächstarife

- örtlicher Netzzugang zu Tarifen, die 25% unter denen von US West liegen

- ein Kredit von $ 24.000 zum Kauf einer Telefonanlage

Das System, für das wir uns entschieden haben, kostet in etwa $ 30.000 und enthält den Anschluß unseres Gebrauchtwagengeländes an das Hauptsystem. Wir unterzeichneten einen 5-Jahres-Vertrag, behielten uns aber das Recht vor, jährlich ein besseres Angebot eines anderen Unternehmens einzuholen. Alles in allem glauben wir, mehr als $ 50.000 gespart zu haben, und wir erweiterten unsere 20 Jahre alte Hardware mit sehr geringem finanziellen Aufwand.

Der Markt ist gegenwärtig sehr aggressiv, da sich jeder seine Anteile sichern möchte. Sie können auf ganz einfache Weise eine Menge Geld sparen und möglicherweise sogar noch Geld bekommen, indem sie ganz einfach Ihre Service-Wünsche bündeln und dazu bereit sind, mit einem Anbieter einen Vertrag abzuschließen. Zusätzlich kann man so die anderen Ferngesprächsanbieter, die einen fast täglich mit Anrufen belästigen, loswerden.

Falls Sie nur den örtlichen Telefonservice nutzen wollen, scheuen Sie sich nicht. Wir haben das in den letzten sechs Monaten auch getan; es hat sich nichts geändert – bis auf den Preis.

Vor einigen Jahren oder gar noch vor Monaten hätte Sie diese Idee sicher nur den Kopf schütteln und ein leises „Die Amis!" murmeln lassen. Damals hatten wir hier in Deutschland den einen und einzigen Telefonanbieter Telecom. Auch hier hat sich der Markt gewandelt. Welch ein Glück! Auch bei uns ist der Preiskampf in diesem Bereich angebrochen, wenn auch noch nicht in den Maßen wie hier dargestellt. Doch bald werden auch Sie in Ihren Preisverhandlungen mit einem örtlichen Anbieter diese Idee verwenden können. Schon heute wünschen wir Ihnen viel Erfolg dabei.

Idee Nr. 14

„Werfen Sie zusammen mit Ihrem Müll auch Geld zum Fenster hinaus?"

Die Abfallbeseitigung kostengünstiger gestalten

Als wir unsern Betrieb umstellten, sind wir die Serviceleistungen unserer gesamten Dienstleister durchgegangen. Dabei stellten wir fest, daß bei uns zweimal wöchentlich 20 Kubikmeter Müll abgeholt wird, was monatlich etwa $ 630 Dollar kostete. Wir entschieden uns dazu, Preise für unsere Abfallentsorgung bei anderen Unternehmen nachzufragen.

Wir fanden heraus, daß die Entsorgungsunternehmen bei uns in der Nähe auch einen Recycling-Service für Pappe und Papier anboten. Pappe und weißes Papier können für ca. 60% der Kosten, die wir bisher für die Müll-abfuhr bezahlt haben, wiederaufbereitet werden.

Wir schätzten, daß unsere Abfälle zu 50% aus Pappe und recyclingfähigem Papier bestanden; deshalb teilten wir unsere Abfallcontainer: Die eine Hälfte ist für Recylingmaterial, die andere für herkömmlichen Müll.

Wir bezahlen jetzt $ 350 im Monat für die gleiche Menge Abfall, die zu entsorgen ist. Auf das Jahr umgerechnet ist das eine Ersparnis von $ 3.360, ohne irgend eine Investition tätigen zu müssen. Außerdem haben uns unsere Mitarbeiter mitgeteilt, daß sie es gut fänden, daß unser Unternehmen soziale Verantwortung übernimmt und umweltbewußt handelt.

Abfallbeseitigung wird zu einer immer teureren Angelegenheit. Unternehmen, die hier Kosten senken können, haben einen echten Wettbewerbsvorteil. So kann man die eigene Rendite verbessern!

Idee Nr. 15

„Die Führungsmannschaft geht baden!"
Alljährlicher Ausflug der Geschäftsleitung

Wir planen jedes Jahr einen Ausflug der Geschäftsleitung, an dem alle Abteilungsleiter und ihre Frauen teilnehmen. Ziel dieses Ausflugs: Unser Management-Team soll durch den privaten Kontakt außerhalb des Autohauses gestärkt werden.

Allgemeines

Treibende Kraft dieser Idee ist es, ein soziales Ereignis mit einem Treffen der Geschäftsleitung zu kombinieren. Wir wählen jedes Jahr verschiedene Ziele aus, die etwa zwei Fahrstunden von dem Autohaus entfernt sind. Normalerweise ist das ein Ferienort oder eine Stadt mit einem schönen Hotel. Diese Treffen finden immer im November statt – nach Freigabe unserer Oktoberbilanzen – um einen möglichst hohen Informationsgrad zu haben. Acht Wochen vor dem Ausflug erhalten alle Manager eine Liste mit den Punkten, die bei dem Treffen auf der Tagesordnung stehen; es wird von ihnen erwartet, einen Beitrag zu den betreffenden Punkten zu leisten. Danach – jedoch noch vor unserem Ausflug – halten wir mehrere Versammlungen ab, um das gegenwärtige Jahr noch einmal zu besprechen und hieraus leiten wir dann die Prognosen für das kommende Geschäftsjahr ab.

Die nächsten 36 Stunden

Unser gesellschaftliches Zusammenkommen beginnt am Samstag Abend, wo wir im Hotel empfangen werden. Wir beginnen gegen 20:00 Uhr, so daß allen Filialleitern genügend Zeit bleibt, das Autohaus zu schließen und zum Hotel zu fahren. Am Sonntagmorgen beginnen wir sehr zeitig, so zwischen 7:00 und 7:30 Uhr, wobei wir uns das Frühstück ins Besprechungszimmer kommen lassen. Die Ehefrauen/Begleitpersonen bekommen gegen 9:00 Uhr ihr eigenes Frühstück serviert. Wir beenden die Besprechung gegen Mittag und besuchen ein anderes gesellschaftliches Ereignis. Letztes Jahr gingen wir zu einem Profi-Footballspiel. Am Sonntagabend treffen wir uns alle wieder, um den Abend gemeinsam in einem feinen Restaurant zu verbringen. Am Montag brechen wir früh morgens auf, um in die Betriebe zu fahren, wo wir dann gegen 10:00 Uhr eintreffen.

Mehr über die Besprechung

Der Höhepunkt unseres Ausflugs ist die „Mein bester Vorschlag"-Sitzung – genau wie bei den Treffen der 20er Gruppen unterbreiten die Manager Vorschläge, stimmen ab, und derjenige mit der besten Idee erhält den Geldpreis. Dieses Jahr haben wir fast jeden Vorschlag, der unterbreitet wurde, umgesetzt.

Die restliche Zeit unseres Treffens verbringen wir damit, Probleme zu lösen. Ich habe den Vorsitz und trage Informationen über die Höhe des Werbeetats, Ausgaben, Fluktuationsrate und geplante, veranschlagte Verkaufszahlen und Gewinnziele bei. Ich notiere mir die Verpflichtungen. Wenn wir in die Betriebe zurückkehren, haben wir ganz klare Zielvorstellungen für das kommende Geschäftsjahr.

Schlußfolgerung

Wir begannen unsere Ausflüge 1992 und mit jedem zusätzlichen Jahr werden die Vorschläge besser und die Managerpersönlichkeiten werden stärker. Ganz alleine die Tatsache, daß diese Treffen außerhalb des Autohauses stattfinden, ermöglicht es den Kollegen, die Probleme der anderen besser zu verstehen. So bekommen auch die Partner Gelegenheit, Zeit miteinander zu verbringen und sich auszutauschen, was das Team zusätzlich stärkt. Nun sehen wir uns alle in einem anderen Licht und können die Arbeit des anderen respektieren und gegebenenfalls Hilfe anbieten.

Entstandene Kosten
für 25 Personen

Hotelzimmer, Empfang, mit der Besprechung verbundene Unkosten, Frühstück für den Partner im Hotel $ 6.836

Footballspiel	$ 1.250
Abendessen am Sonntag	$ 789
GESAMT:	$ 8.875

($ 355 pro Person – eine tolle Investition!)

Hier zeigt sich wieder ein Stück US-amerikanischer Kultur: Partner werden in berufliche Aktivitäten gern eingebunden. Das schafft ein soziales Gefüge. Kollegen und deren Partner sind häufig freundschaftlich miteinander verbunden. Wir durften während unserer Aufenthalte in den USA solche Treffen selbst hautnah erfahren und waren von der herzlichen Aufnahme in den jeweiligen Kreisen sehr beeindruckt.

Idee Nr. 16

„Jeden Monat für 30 Minuten Jonny Controletti
sein!"

12 Überraschungs-Kontrollmaßnahmen im
Unternehmen

Monat	Aufgabe
Januar	Zählen Sie den Inhalt der Portokasse und kontrollieren Sie die Belege.
Februar	Geben Sie allen Ihren Angestellten Gehaltsschecks.
März	Überprüfen Sie kleine Salden bei Inkassoverträgen und Forderungen auf Fahrzeuge.
April	Vergleichen Sie die Lagerbestände mit der Bilanz.
Mai	Geben Sie $ 10 extra in die Kasse und kontrollieren Sie den Abgleich.
Juni	Checken Sie die Sauberkeit in Ihrem Betrieb
Juli	Überprüfen Sie die Forderungen, die nicht per Post zugegangen sind.
August	Überprüfen Sie die Computer-Paßwörter.
September	Überprüfen Sie Ihre Bankkonten auf ungewöhnliche Buchungen.
Oktober	Überprüfen Sie das Unterkonto des Barverkauf-Verrechnungskontos.
November	Kontrollieren Sie innerbetriebliche Vorgänge; bitten Sie jemanden um Mithilfe.
Dezember	Überprüfen Sie die Rechnungsabschlüsse und hinterfragen Sie bestimmte Transaktionen.

Vertrauen ist gut, Kontrolle ist besser. Wer kontrolliert von uns jedoch so systematisch? Wir möchten Sie dazu animieren, Ihr eigenes Kontroll-System zu erstellen und umzusetzen. Doch denken Sie daran: In der Beschränkung liegt der Meister.

156

4 Eine deutsch-amerikanische Erfolgsstory – Vom Lagerarbeiter zum Autohändler

Als wir im Sommer 1996 wieder eine 20er Gruppe von Mercedeshändlern in Aspen, Colorado besuchten, trafen wir auf Werner Schumacher und seine Frau Betty aus Scottsdale in Phoenix, Arizona. Sein Betrieb gehört in dieser Gruppe, in der auch der größte Händler in den USA – Fletcher Jones – vertreten ist, zu den profitabelsten. Wir haben ihn während dieses Treffens in dem weltbekannten Skiort Aspen in der kurzen Zeit unseres Aufenthaltes etwas näher kennenlernen können und waren so beeindruckt, daß wir beschlossen, ihn einmal in seiner Heimatstadt zu besuchen. Ein gutes Jahr später war es soweit, und wir lernten seinen Betrieb in Scottsdale kennen. Scottdsdale ist ein bekannter Stadtteil, der direkt an Phoenix angrenzt. Der Betrieb Schumacher European Cars liegt direkt an einem Regionalflughafen und einem Gewerbegebiet, dem Airpark. Hier befindet sich auch in unmittelbarer Nähe das weit über die Landesgrenzen bekannte Hotel Princess mit einem wunderschönen Golfplatz und einem Tennisstadion. Jährlich finden hier ATP-Tennisturniere und Golfturniere der Profis statt. Hightech Industrie, Gewerbe und Bau blühen hier, und die Stadt wächst weiter in die Wüste hinein mit großzügig angelegten Wohngebieten. Heute liegt der Betrieb mitten in der Stadt. Das war bei der Gründung 1985 nicht so. Da lag Werner Schumacher mit seinem Betrieb noch am Rande von Scottsdale. Heute liegt der Betrieb in einer wirtschaftlich gesunden Umgebung im schuldenfreien Staat Arizona im Südwesten der USA.

Wir ließen uns bei unserem Besuch vom Hotel zum Betrieb fahren und waren erst einmal beeindruckt. Weniger durch die Größe, die einem größeren Mercedes-Vertragspartner in Deutschland entspricht, sondern vielmehr von dem blitzsauberen Bild, daß dieser Betrieb in seiner klaren Struktur bietet. Die Verkaufsräume, zwei an der Zahl, einer am Anfang, der andere am Ende des Platzes, fassen jeweils nur drei Gebrauchtwagen und vier Neuwagen. Dabei sind die Gebrauchtwagen und die Neuwagen räumlich sauber voneinander getrennt. Die Front zur Straße ist zur Hälfte bestückt mit Neuwagen der allererersten Klasse. Klarheit und Sauberkeit strahlten uns hier förmlich entgegen. Beim Betreten des Platzes fragten wir einen Mitarbeiter nach dem Inhaber des Hauses. Dieser, so wurde uns gesagt, sei in dem neuen Gebäude am Ende des Platzes, in dem sich auch die Neuwagen und angrenzend die Werkstatt befindet. Der freundliche Mitarbeiter beschränkte sich aber nun nicht auf diese Erklärung oder darauf, uns mit ausgestrecktem Arm die Richtung zu weisen, sondern bat uns auf einem bereit stehenden Golfcart platzzunehmen, fuhr uns die 100 Meter über den Platz und führte uns zu Werner Schumacher. Wir bekamen an den Tagen in persönlichen Gesprächen einen guten Einblick in die Stärken eines amerikanischen Betriebes. Wir haben Werner Schumacher als einen sehr kompetenten und hart arbeitenden Geschäftsmann kennengelernt, der sein Geschäft fest im Griff hat und das dank einer Mannschaft, mit der er schon lange und bereits in früheren Tätigkeiten in anderen Häusern zusammengearbeitet hat. Weiter sind seine beiden Söhne mit im Verkauf erfolgreich tätig. Natürlich waren wir neugierig auf den Lebenslauf eines so erfolgreichen Automobilhändlers mit einer bewegten Vergangenheit.

Werner Schumacher erzählte uns, daß sein Vater in Engelskirchen bei Köln einen Mercedes-Betrieb hatte, den sein älterer Bruder jetzt führt. Der Jüngste in der Familie zu sein und damit keine Chance auf Weiterführung des Betriebes zu haben, veranlaßte ihn dann 1963 nach Amerika zu gehen und das mit nur geringen Englischkenntnissen. Dort bekam er nach drei Tagen einen Job im Lager eines VW Händlers in Manhatten New York. Ein halbes Jahr später wurde er in die US-Army eingezogen und verbrachte so wieder eine Weile als Soldat in Deutschland. Nach dem Ausscheiden aus der Armee begann er dann einen Job als Verkäufer beim größten VW-Händler in New York, bei Volkswagen Fifth Avenue. Zuerst wollte man ihm den Job gar nicht geben, da er zu wenig Erfahrungen hatte. Daraufhin ist Werner Schumacher aufgestanden und hat gesagt: „Es wird ein Verlust für Sie sein, mich nicht einzustellen, denn ich wäre in sechs Monaten mit 24 Jahren Ihr erster Verkäufer." Daraufhin hat er den Job bekommen und war nach sechs Monaten erster Verkäufer und nach einem Jahr der jüngste Verkaufsleiter für VW in Amerika. Nach neun Jahren wechselte er dann als Verkaufsleiter zu einem Mercedes-Händler an der Ostküste und 1979, nach weiteren fünf Jahren, zu einem Mercedes-Händler in Kalifornien als General Manager. Hier verbrachte er geschäftlich Anfang der achtziger Jahre seine schwerste Zeit, als in den USA die Zinsen auf 16-17 % stiegen und Händler reihenweise pleite gingen. Zu der Zeit, als sich das Zinsniveau dann 1983 wieder auf einem vernünftigen Niveau stabilisierte, rief ihn im Januar 1984 Mercedes an und bot ihm einen Platz in Scottsdale auf dem heutigen Gelände an. Der Platz lag damals noch am Stadtrand und mit Hilfe eines Freundes aus der Baubranche hat er sein Autohaus dort gebaut. Im Laufe der Jahre hat sich Scottsdale enorm ausgeweitet und heute liegt das Autohaus Schumacher mitten in einem Gewerbegebiet, an das sich im Norden exklusive Wohngegenden anschließen. Diese Entwicklung von Scottsdale ist nicht zuletzt einem konsequenten Strukturwandel zu verdanken – nach dem Zusammenbruch der Börse im Oktober 1987 und der damit verbundenen Krise – wurde Scottsdale zu einer Region mit High-Tech-Industrie und Finanzdienstleistung. Staatsschulden gibt es derzeit in Arizona nicht mehr.

In diesem Umfeld liegt das Autohaus von Werner Schumacher. Was macht nun seinen Erfolg aus? Mit welchen Problemen kämpft er heute? Wie sieht er die Zukunft? Das sind die Fragen, die uns interessierten, und wir fanden einige bemerkenswerte Punkte, über die wir im folgenden berichten. Neben den Dingen, die den Erfolg im operativen Bereich ausmachen, war für uns der Umgang mit den Banken bzw. deren Angebot zur Finanzierung sehr erstaunlich. Nach einem intensiven Konzentrationsprozeß, in dem förmlich eine Bank nach der anderen von einer größeren aufgekauft wurde, arbeitet das Autohaus Schumacher bei der Finanzierung des Hauses heute nicht mehr mit lokalen Banken, vergleichbar unseren Sparkassen, sondern mit einer weltweit operierenden Bank zusammen, der Bank One. Zwei Dinge werden hier mit kurzfristiger überschüssiger Liquidität gemacht. Erstens: Das Geld wird über Nacht als Overnight Deposit angelegt und die Zinsen werden gegen die Zinsen der Gebäudefinanzierung gerechnet. Dieses Verfahren konsequent angewendet reduziert die Zinsen bis zu 80 % im Monat. Zweitens wird das Bargeld auf dem Konto gegen die Höhe des Kredits gerechnet. Damit ist die Berechnungsgrundlage für einen Kredit dann vielleicht nicht mehr 1.000.000 $ sondern nur noch 500.000 $. Werden dann die Zinsen noch durch die Overnight Deposits reduziert, so hat das natürlich einen erheblichen Einfluß auf die Ertragssituation.

Daß im Verkauf die Verkäufer strikt nach Provision bezahlt werden, ist nichts Neues. Die Provision richtet sich hier am Bruttoertrag aus. Besonders beeindruckend jedoch ist der permanente Wettbewerb, in dem die Händler über ein ausgeklügeltes System zueinander stehen. Dieses System zielt nicht nur auf die Leistung des einzelnen ab, sondern fördert auch das Interesse daran, daß die anderen Verkäufer ebenfalls Erfolg haben. Eine detaillierte Darstellung dieses Systems finden Sie am Schluß dieses Kapitels.

Neben diesem Provisions- und Incentive-System erhält der Verkäufer eine Provision auf Leasing und Versicherungen. Besonders ist, daß der Verkäufer das Leasing nicht selbst erklärt, anbietet und verkauft, sondern dies von einem F&I (Finanzierungen und Versicherungen) Manager gemacht wird. Dieser bezahlt dann dem Verkäufer seine Provision. Der Verkäufer tritt als Vermittler auf. Wie fragten, warum das so ist, und die Antwort war der konsequente Einsatz von Kompetenzen auf den verschiedenen Gebieten. Der Verkäufer soll Autos verkaufen und der F&I-Manager das Leasing sowie die Finanzierungen. Dabei ist zu beachten, daß der F&I-Manager auch enge Kontakte zu Banken unterhält, die das Leasing finanzieren. Hier geht der größte Teil der Leasinggeschäfte an die Mercedes Benz Leasing, ein kleinerer Teil an eine Leasing Bank, an der auch Toyota beteiligt ist. Die Berührungsängste sind dabei gering. Die Bank garantiert allerdings, daß die Adressen der Leasingnehmer nicht an Toyota gehen. Durch das Fachwissen und den engen Kontakt zu den Banken kann der F&I-Manager auch Leasingverträge unterbringen, die sonst nicht zustande gekommen wären. Nach einer gemeinsamen Sitzung im Haus hat man die Strategie festgelegt, Leasingverträge nur noch bis drei Jahre abzuschließen. Damit gibt der Kunde das Fahrzeug in der Garantie zurück und damit befindet sich das Fahrzeug in einem exzellenten Zustand und kann als Gebrauchtwagen verkauft werden.

Im Autohaus Schumacher werden nur solche TOP-Gebrauchtwagen verkauft. Alle anderen gehen direkt zur Auktion und sehen das Verkaufsgelände nicht mehr. Das trägt dazu bei, ein Autohaus mit ausschließlich exklusiven und hochwertigen Fahrzeugen zu sein. Dieses Bild strahlt das ganze Autohaus, jedes Fahrzeug auf dem Gelände und jeder Mitarbeiter aus. So werden auch die Leasingverträge in einem schönen holzgetäfelten Büro verkauft. Hier hat der F&I-Manager seine ganz eigene Methode, um die Sinnhaftigkeit des Leasing zu erklären. Er legt dem Kunden ein weißes Blatt hin, schreibt die Zahl 500.000 $ darauf und fragt: „Mr. Customer, wenn Sie in einem Haus wohnen würden, das heute 500.000 $ kostet und in drei Jahren nur noch 300.000 $ wert ist, würden Sie das kaufen oder lieber zur Miete wohnen?" Auf die erwartete Antwort – mieten – streicht er die letzte Null der beiden Zahlen aus – nun stehen die Zahlen 50.000 $ und 30.000 $ auf dem Blatt – mit der Bemerkung „Hier ist Ihr Auto!" Einfach aber genial!

Wirklich kämpfen müssen die Verkäufer mit dem Fachwissen der Käufer. Nicht nur, daß die alles über das Fahrzeug wissen, über Internet-Informationen wissen sie auch, was ein Auto den Händler im Einkauf kostet. Internet-Informationen erhalten die Kunden aus den Bibliotheken, in denen es Internet-Zugang gibt oder an ihren Arbeitsplätzen, fast alle Firmen haben Internetzugang. Allerdings ist das mit der neuen M-Klasse und der E-Klasse sowie dem SLK und dem CLK zur Zeit nicht so. Hier wird bezahlt, was auf dem Preisschild steht. Um aber die Feilscherei zu beenden, über die letztlich auch die Kunden nicht mehr glücklich sind – habe ich wirklich das bestmögliche Geschäft gemacht? – sieht Werner Schumacher in Kürze einen vom Hersteller festgelegten Preis, bei gekürzten Margen.

Wird im Leasing-Verkauf die Kompetenz in einer Person gebündelt und als Profit Center gesehen, so wird in der Auslieferung zumindest die Kompetenz konsequent gebündelt und eingesetzt. Auslieferungen werden von einer eigenen Mitarbeiterin durchgeführt, die neben dem Auto auch die Mitarbeiter des Hauses vorstellt. Dabei findet die Auslieferung auf einem eigens dafür vorgesehenen überdachten Platz, bzw. im Sommer wegen der großen Hitze in einem klimatisierten Raum abseits des Verkaufstrubels statt. Die Auslieferungen durch die Verkäufer werden als sinnlos angesehen, da sie bei der Auslieferung schon wieder den nächsten Kunden im Auge haben und die Auslieferung dann nicht zum Erlebnis für die Kunden wird.

Ein weiteres Profit Center bildet der Verkauf von Anschlußgarantien. Dies wird konsequent von einer Mitarbeiterin betrieben. Diese hat ein eigenes Büro und telefoniert von hier aus. Auch in diesem Bereich erzielt das Autohaus einen ansehnlichen Reingewinn nach Abzug aller Kosten. Auf die Frage nach Werbung haben wir eine sehr eigene Antwort bekommen. Werbung wird ersetzt durch konsequentes Mailing. Dies geht auf eine persönliche Erfahrung von Werner Schumacher zurück, als 1976 die New York Times, in der sein Autohaus wöchentlich eine Anzeige hatte, für drei Monate streikte. In dieser Zeit wurde kein Auto weniger verkauft. Heute verschickt eine Mitarbeiterin gezielt Mailings an Personen, die in „Mercedes-adäquaten" Gegenden wohnen. Nach 10 Tagen wird nachtelefoniert. So wurden für die neue M-Klasse 4.000 Einladungen verschickt, von denen 1.200 in das Autohaus kamen.

Im Rahmen der Kundenbindung schickt jeder Verkäufer persönlich geschriebene Briefe an seine Kunden. Dabei schreibt er etwas allgemeines über sich selbst, etwa seinen letzten Urlaub und dann etwas über neue Angebote usw. So erhält der Kunde einen persönlichen Brief seines Verkäufers, natürlich auf dem Briefpapier des Autohauses. Kunden, die länger als sechs Monate nicht mehr im Autohaus waren, werden umgehend angeschrieben. Dazu zieht eine Service Firma – Star Response – täglich die Adressen der Kunden aus dem Computer, die sechs Monate nicht mehr im Autohaus waren und schreibt sie an. Angeboten werden z.B. billige Ölwechsel. Weiter werden alle Kunden, die sich in der Garantie befinden, an ihre fälligen Termine erinnert. Damit geht die Anzahl der Werkstattaufträge sprunghaft in die Höhe. Kunden, deren Fahrzeuge aus der Garantie raus sind, werden zur „Service Klinik" am Samstag eingeladen. Da läßt der Kunde seinen Wagen am Samstag kostenlos durchchecken und der Monteur, der den Wagen durchcheckt, überläßt es dem Kunden, was er alles daran mache möchte und gibt ihm einen Termin. An einem solchen Samstag werden auch Fahrzeuge verkauft, wenn die Kunden im Verkaufsraum warten. Damit hat der Monteur eine direkte Beziehung zum Kunden – er wird das Fahrzeug auch reparieren – verdient damit Geld und ist in den Verkauf von Leistungen eingebunden. Dazu muß man wissen, daß die Monteure ausschließlich nach der verkauften Zeit bezahlt werden und ihr eigenes Werkzeug mit in die Werkstatt bringen. Das Autohaus stellt nur das Spezialwerkzeug.

Wenn der Kunde dann im Haus ist, wird er mit einem Shuttle-Service zur Arbeit gefahren und abgeholt oder bekommt in einem Warteraum Kaffee und eine Zeitung sowie einen Internet-Anschluß für den Laptop. Das Geld für all den Service ist da, weil ja kein Geld für Zeitungswerbung ausgegeben wird.

Das Verhältnis zu den markenunabhängigen Werkstätten hat Werner Schumacher für sich geklärt. „Dort werden die alten Autos repariert, hier die neuen!" Das ist ihm auch lieb so, denn die „alten Schinken", wie er es ausdrückt, passen nicht ins Bild und richtig bezahlen wollen die Kunden dann auch nicht. Außerdem verkauft er an die freien Werkstätten Ersatzteile. Der Inhaber einer Werkstatt hat auch gerade einen neuen Mercedes

M bei Schumacher gekauft. Ruft mal ein Kunde mit einem fünf Jahre alten Auto an und sagt, er könne eine Reparatur woanders billiger haben, so bekommt er die Reparatur oder den Ölwechsel zum gleichen Preis und eine Autowäsche dazu. Ölwechsel und Autowäsche für 18,95 $, das wird hier unter Werbung verstanden.

Insgesamt hatten wir den Eindruck, daß im Autohaus Schumacher alle Mitarbeiter ihre Kompetenzen einsetzen und sich nicht auf die Felder des Anderen begeben. Verkauf ist Verkauf und Leasing ist Leasing, eben ein anderes Geschäft. Der Verkäufer ist provisionsberechtigter Mittler. Weiter besticht das Haus durch seine konsequente Marktbearbeitung und durch seine strikte Serviceorientierung, die sich im Ertrag niederschlägt.

Provisionssystem im Hause Schumacher

Diese „Rennliste für die Verkäufer" – die wir bereits für deutsche Verhältnisse modifiziert haben – möchten wir Ihnen gerne vorstellen:

Das Beispiel arbeitet mit drei Verkäufern und folgenden Beträgen. Die DM-Beträge in den Feldern bedeuten DM pro verkauftes Fahrzeug. Der Sprung in die nächste Spalte bedeutet, daß der genannte Betrag für alle verkauften Autos gilt, also auch für die ersten verkauften Fahrzeuge:

1. Szenario:

Verkäufe Neuwagen im Monat xy

5-10 NW	11-15 NW	16-20 NW	21-25 NW
AE 30,– DM			
TN 20,– DM			
PG 10,– DM			

Der Verkäufer (AE), der als erster 5 NW verkauft, bekommt für jedes verkaufte Fahrzeug 10 ,– DM in dem Monat. Verkauft nun sein Kollege (TN) auch mindestens fünf NW, so steigt auch der in die Liste ein und drückt seinen Vorgänger eine Reihe hoch. D.h. der Verkäufer AE erhält nun für die verkauften Fahrzeuge 20 ,– je Fahrzeug. Verkauft nun auch der dritte Verkäufer (PG) mindestens fünf Fahrzeuge, so drückt er seine Kollegen eine Reihe hoch. Damit besteht ein Interesse, daß jeder Verkäufer Fahrzeuge verkauft. Der Stand ist jetzt wie oben dargestellt.

2. Szenario:

Verkäufe Neuwagen im Monat xy

5-10 NW	11-15 NW	16-20 NW	21-25 NW
	TN 70 DM		
	AE 60 DM		
	PG 50 DM		

Verkauft nun der Verkäufer TN, der als zweiter in die erste Spalte gerutscht ist, das elfte Auto, so rutscht TN in die erste Zeile und verdrängt den Verkäufer, der bisher in der ersten Zeile war, in die zweite Zeile.

3. Szenario:

Verkäufe Neuwagen im Monat xy

5-10 NW	11-15 NW	16-20 NW	21-25 NW
		TN 110 DM	
		AE 100 DM	
		PG 90 DM	

Im Verlauf des Monats haben auch AE und PG ihren elften NW verkauft und rutschen in ihren Zeilen in die nächste Spalte. Dann ist es wieder spannend, wenn es darum geht, wer als erster das sechzehnte Auto verkauft. In dem Beispiel ist das der Verkäufer PG, der damit in der Spalte 16-20 NW in die erste Zeile springt und nun für jeden NW, den er in diesem Monat verkauft hat, 110 ,– DM erhält. Der zweite, der in diese Spalte rutscht, ist in diesem Beispiel der Verkäufer TN und dann der Verkäufer AE. Das Bild sieht dann aus wie oben dargestellt.

4. Szenario:

Verkäufe Neuwagen im Monat xy

5-10 NW	11-15 NW	16-20 NW	21-25 NW
			PG 150 DM
			TN 140 DM
			AE 130 DM

Der Monat neigt sich dem Ende zu. PG schafft es am letzten Tag des Monats sein 21. Auto zu verkaufen und erhält damit für jeden verkauften NW 150 ,– DM Prämie. In dem Beispiel erhält TN 100 ,– DM pro NW und AE 90 ,– DM pro NW.

Anmerkung:

Die Verteilung der Beträge ist hier willkürlich und kann frei gewählt werden. Ebenso die Einteilung der Intervalle in den Spalten und die Anzahl der Spalten.

Mit diesem Modell kann auch dafür gesorgt werden, daß ein Interesse aller besteht, daß auch der neue Junior-Verkäufer auf eine Mindestanzahl an Verkäufen kommt, um die alten Verkäufer in dem Bonus der Rennliste hoch zu drücken.

5 Aktuelle Entwicklungen auf dem amerikanischen Automarkt

Die Frage, mit der wir uns auf dem amerikanischen wie auch auf dem deutschen Automobilmarkt auseinandersetzen, ist, ob das Vertriebssystem, so wie es heute existiert, zum Aussterben verurteilt ist. Dieser Thematik ging im April 1997 in den Vereinigten Staaten ein Leitartikel der Zeitschrift Dealer Business nach. Dreh- und Angelpunkt der Diskussion um die Veränderung der Vertriebssysteme ist die enorme Höhe der Vertriebskosten. Hierzu führt in dem genannten Artikel Robert J. Thomas, Präsident und CIO der Nissan Motor Cooperation USA, das folgende Beispiel an.

Der Markt Los Angeles für eine Marke – Ford in diesem Fall – hat in der Area von Los Angeles 70 Händler. Diese 70 Händler verkaufen etwas mehr als 100.000 Fahrzeuge pro Jahr. Das sind 70 Eigentümer und Management-Mitarbeiter auf der Gehaltsliste, weiter die Büros, die Organisationen und die Grundstücke usw. Wenn man einfach mal voraussetzt, daß das Gehalt der Eigentümer und des Top-Managements inklusive der Bonus-Struktur im Schnitt für den Händler bei 1 bis 1,5 Millionen Dollar pro Jahr liegt, kommt man auf 105 Millionen Dollar pro Jahr oder 1.050 Dollar pro verkauftem Neufahrzeug. Dabei ist noch nichts über die Overhead-Kosten gesagt, die auf ca. 3.000 Dollar pro Neufahrzeug geschätzt werden können. Genau diese Kosten sind es, die große Organisationen von außen in den Automarkt ziehen. Hierbei nimmt Thomas an, daß es für eine große Organisation möglich ist, von außerhalb ein System zu kreieren, daß das selbe Volumen mit ca. einem Drittel der Geschäfte realisiert. Damit könnten zwei Drittel der Overhead-Kosten gekürzt werden.

Neben diesen Ineffizienzen auf der Handelsseite werden jährlich 10 Billionen Dollar an Werbung und 10 Billionen Dollar an Unterpreisung, Incentives und Subventionen zur Finanzierung ausgegeben. Weiterhin werden 3 Billionen für den Transport und die Logistik plus eine Billion für Teile, Transport und Kundenzufriedenheitsprogramme verbraucht. Und genau dieser ineffiziente Kostenblock ist es, von dem sich z.B. Wayne Huizenga Republic Industries (ein Unternehmen der Abfallwirtschaft) einen enormen Verdienst verspricht. Daher kauft er Megadealer-Gruppen durch seine Autonation USA auf. Auch Automobilorganisationen, die im Automobilgeschäft traditionell verwurzelt sind – beispielsweise Karl Spielvogels United Autogroup – sind durch diesen hohen Kostenblock, von dem sie sich versprechen, ihn in Profit umzudrehen, angelockt. Die United Autogroup hat es sich dabei zum Ziel gesetzt, durch die Konsolidierung des Autohandels höhere Margen zu erreichen. United Autogroup hält zwischenzeitlich auf dem amerikanischen Markt 37 Neuwagen-Franchises in 7 Staaten sowie 7 Gebrauchtwagen-Handelshäuser. Spielvogel sagt dazu: „Seit wir gegründet sind, hat United Autogroup das Automobilhandelsgeschäft neu definiert. Wir bringen eine große Veränderung in das Automobilgeschäft, indem wir die unabhängigen Autohändler in eine Kooperation bringen und damit Vorteile der „Economys of large Scales" als auch des „Best Practice" im Management und im käuferorientierten Verkauf erzeugen." Hierin zeigen sich eindeutige Konzentrationsbemühungen auf dem US-amerikanischen Markt.

Diese zeigen sich auch deutlich von Seiten des Herstellers General Motors in seinem Projekt 2000. Er plant darin, seine Händlerschaft von 8.500 auf 7.000 Händler zu reduzieren; die Handelsbetriebe in Zonen mit hohem Verkehr zu setzen und innerhalb dieser Zonen die Marken des Unternehmens GM zu verkaufen. Grundlage für das Projekt 2000 von GM ist dabei eine Erkenntnis aus Marktstudien – nämlich, daß es heute nicht mehr möglich ist, die Preise einfach zu erhöhen. Dabei sinkt gleichzeitig der Bruttoprofit der Händler kontinuierlich. Er stand 1995 bei 6,5% und ist damit um 3,5%-Punkte in den letzten 20 Jahren gefallen. Bezogen auf den Verkauf von Neufahrzeugen bedeutet das, daß der Händler heute einen Netto-Profit von 37 Dollar pro Neufahrzeug einschließlich F&I macht. Der zunehmenden Konzentration auf dem Automobilmarkt durch die großen Unternehmen, wie z.B. Cercuit City oder Republic, die mit großer Finanzkraft Händler aufkaufen, stehen die Aussagen und das Bemühen der großen Hersteller gegenüber, nach wie vor mit dem eigenen Händlernetz zusammenzuarbeiten. Das ist insofern nachvollziehbar, als es nicht Interesse des Autoherstellers sein kann, sich einem zu starken Handelspartner gegenüber zu sehen, der dann in zunehmendem Maße die Margen diktieren kann. Die Aussage von Chrysler Chairman Robert Eaton hierzu ist, daß er es vorzieht, weiter mit den Eigentümerunternehmen zusammenzuarbeiten, die ihr eigenes Kapital in das Unternehmen stecken. In ähnlicher Richtung stößt auch Alex Portman vor, Chairman von Ford, wenn er sagt, daß die wirklich gut geführten privatkapitalisierten Handelsbetriebe einen großen Vorteil gegenüber den großen Massenhändler haben. Denn es ist gerade der lokale Service an einem lokalen Marktplatz mit dem persönlichen Kontakt, der das Unternehmen erfolgreich macht. So ist dann auch Fords Franchisevereinbarung mit Autonation restriktiver als der Standardfranchisevertrag. Der Vertrag mit Autonation verhindert die Dominanz in einem speziellen Marktverantwortungsgebiet. Natürlich will Ford nicht, daß Autonation andere Händler aus dem Geschäft drängt, um nicht in eine Position zu kommen, die die Handlungsfreiheit von Ford bedroht. Bob Thomas von Nissan in den Vereinigten Staaten sieht die Notwendigkeit einer Veränderung, um die sehr gut mit Kapital ausgestatteten Unternehmen, die von draußen auf den Automarkt drängen, zu stoppen. Dies wird so lange der Fall sein, egal ob es den Händlern oder Herstellern gefällt, wie hier Kosten in Profit umgewandelt werden können. Bob Thomas sieht daher die Notwendigkeit von drei Schritten: Erstens müssen alle exzessiven und unnötigen Overhead- sowie Investment-Kosten aus dem System herausgenommen und die Preise für Fahrzeuge langsam gesenkt werden. Der komplette Großhandel, die Distribution Logistik sowie die Unterstützung der Wiederverkäufer muß neu überdacht werden. Zweitens fehlt ein wirkliches Verstehen des Kundenverhaltens, z.B. wissen wir in der Nahrungsmittelindustrie sehr viel mehr über den Kunden. Wir kennen seine Kaufgewohnheiten. Seine Kaufentscheidungen werden bis zu dem Detail der Größe der Präsentationsfläche und der Positionierung auf dem Regal beeinflußt. Derartige Studien und Daten sind für das Automobilbusiness bisher nicht bekannt. Weiterhin müssen umfangreiche Koordinierungen innerhalb der Marke in Betracht gezogen werden – Marktverantwortungsgebiete müssen für die Händler durch Kooperationen zusammengezogen werden. Sollte dieses nicht passieren, so sagt er, wird es zu Konsolidierungen von außen, z.B. durch Unternehmen wie Autonation, kommen.

Diese Statements zeigen die unmittelbar bevorstehende und zum Teil bereits in Pilotprojekten in Gang gesetzten Bemühungen um Konsolidierung und Kooperation. Die Notwendigkeit zu diesem Schritt erwächst aus der Bedrohung von außen. Fast scheint es so, als sei hier der Schulterschluß zwischen Handel und Industrie unumgänglich, wenn nicht beide ihre Verdienstquelle aufgeben wollen. Die Bedrohung für den Hersteller, bzw. Importeur besteht darin, daß sich ihm ein „Handelsriese" gegenüberstellt, der dann in zunehmendem Maße in der Lage sein wird, dem Hersteller Preise zu diktieren. Damit hätten wir ein ähnliches Szenario vor uns, wie es bereits z.B. in der Nahrungsmittelindustrie und zum Teil auch in der Bekleidung hier in Deutschland auf Grund der Stärke der Handelsketten, wie z.B. Metro und Aldi, existiert.

Geht man der Frage nach, was nun die Anfälligkeit der Händler für diese Entwicklungen ausmacht, so sind es die zunehmend geringer werdenden Profite sowie die geringe Eigenkapitalausstattung der Betriebe. Damit sieht sich der einzelne Händler einem übermächtigen Feind auf dem Automobilmarkt ausgesetzt, der ohne weiteres in der Lage ist – das hat die Vergangenheit bereits bewiesen – unabhängige Händler entweder zu kaufen bzw. zu schlucken oder durch ruinösen Preiswettbewerb auszubluten. Dabei schwächt sich die Position der Handelsbetriebe in dem Maße, wie die Händler in den Marktverantwortungsgebieten respektive es nicht verstehen zu kooperieren, sondern gegenseitig im Wettbewerb stehen. Das die Handelsbetriebe, sowohl in den Vereinigten Staaten als auch in Deutschland, in einem starken Konkurrenzverhältnis stehen, zeigt sich immer wieder daran, daß der größte Konkurrent des Markenhändlers der nächste Händler der eigenen Marke ist.

5.1 Das Area-Konzept in Indeanapolis

Das Projekt in Indeanapolis gilt als ein Paradebeispiel dafür, wie vom Hersteller und den Händlern mehr oder weniger gemeinsam – auf die Problematik des *Gemeinsamen* wird noch genau eingegangen – versucht wird, die hohen Kosten des Vertriebes in den Griff zu bekommen. Dies mit dem Ziel, einerseits den Händler profitabler zu machen und andererseits von außen kommende Unternehmen, die sich am Kapitalmarkt finanzieren, fernzuhalten. Darüber hinaus soll so versucht werden, den ruinösen Preiswettbewerb in einer Wirtschaftsregion unter Kontrolle zu bekommen. In Indeanapolis existieren 21 Ford-Händler. Nach Wunsch von Ford sollen diese sich zusammenschließen. Dabei will Ford ein Netzwerk kreieren, in dem sogenannte Superstores und Servicesatelliten existieren. Dazu sollen die einzelnen Händler ihre selbständigen Geschäfte an eine Gesellschaft verkaufen, an der Ford mehrheitlich und die Händler zur Minderheit beteiligt sind. Damit würde der Markt Indeanapolis einheitlich beherrscht werden. Das würde bedeuten, daß ein Händler wie z.B. Robert Garff, der in seinem Geschäft 8 verschiedene Marken vertritt, einschließlich Ford, Lincoln, Mercury und Mazda, sich entscheiden muß, ob er sein Portefeuille, das ihm Unabhängigkeit garantiert, aufgibt.

Damit wird auch bereits ein entscheidendes Problem dieses Weges angesprochen. Die bisherige Selbständigkeit, die ein Händler hatte bzw. für sich wahrnahm, wird in dieser Form dann nicht mehr weiter existieren. Damit bekommt das Wort der Kooperation eine ernsthafte Bedeutung. Es bleiben also letztlich für die Durchführung eines solchen Area-Konzepts zwei entscheidende Punkte offen. Erstens: Wie viele Händler braucht Ford um diesen Plan durchzuführen? Und zweitens: Wie viele Händler werden übrigbleiben, die in diesem neuen Superunternehmen arbeiten? Bisher sehen die Händler wenig Grund, dafür ihre Unabhängigkeit aufzugeben. Damit ist dieses Area-Konzept heute so nicht durchführbar. Dies beleuchtet die persönliche Seite des einzelnen Händlers und stellt diese der etwas globaleren Sicht, nämlich dem Verhältnis der Marke Ford zu kapitalintensiven Gesellschaften, die in den Automarkt drängen, gegenüber.

Ein ähnliches Projekt in der Stadt Saltlake City ist bereits am Widerstand der Händler gescheitert. Die Stärke des Widerstandes der einzelnen Händler gegen einen solchen Plan zeigt sich auch darin, daß das Projekt in Saltlake City gescheitert ist, obwohl bei zwei Multifranchisehändlern nur verlangt wurde, daß sie einen Teil, nämlich den Ford-Teil, an die neu zu gründende Holdinggesellschaft verkaufen sollten. Offenbar zeigt sich, daß einem Area-Konzept in dieser konsequenten Form, die verschiedenen Eigeninteressen der Beteiligten zur Zeit noch sehr stark entgegenstehen.

5.2 Das Beispiel Toyota und Republic

Am Verhältnis dieser beiden Unternehmen zeigt sich das schwierige Mit- bzw. Gegeneinander zwischen den Herstellern von Automobilen und von Handelsgesellschaften, die in den Automarkt vordringen und sich dort über den Kauf von Handelsbetrieben eine starke Marktposition gegenüber den Automobilherstellern erarbeiten. Es ist auch ein Beispiel, wie sich ein Autohersteller bzw. Importeur vor seine inhabergeführten Betriebe und damit sein Händlernetz stellt.

Das Vordringen in den Automarkt hat das Unternehmen Republic Industries (ein Unternehmen der Abfallwirtschaft) in den Vereinigten Staaten versucht. Daraufhin wurden die Händler, die ihre Franchiseverträge respektive Unternehmen an Republic verkauften, von Toyota verklagt. Toyota versucht nachdrücklich, den Anteil am Gesamtmarkt der verkauften Toyota- und Lexusfahrzeuge durch Republic zu drücken bzw. gar nicht erst groß werden zu lassen. Hier existiert als eine magische Zahl die 5%-Grenze. Dieses war dann auch die Vereinbarung zwischen Republic und Toyota nach langem Hin und Her. Dieser Vereinbarung nach darf Republic nicht mehr als 5% des gesamten Absatzes von Toyota- und Lexusfahrzeugen in den USA vertreiben. Damit ist die Anzahl der Unternehmen, die von Republic gekauft werden, nach wie vor offen. In diesem Streit wird letztlich die Frage diskutiert, ob Toyota das Recht hat, einen Partner dahingehend zu limitieren, daß er in diesem Geschäft nicht wachsen darf. Dabei treffen die Interessen von Toyota einerseits als Autohersteller und Republic als einem Unternehmen, das wachsen muß, um seinen Wert am Börsenmarkt zu steigern, aufeinander. Dieses zeigt sich z.B. auch daran, daß die Anteilspreise am Tag nach der Vereinbarung von 23,38 Dollar am 22. August 1997 auf 25,19 Dollar am 26. August gestiegen sind. Die Vereinbarung wurde am 25. August getroffen.

Der Streit zwischen beiden Unternehmen hat sich über ein Jahr hingezogen. Im September '96 verkündete Toyota als Unternehmenspolitik, daß keine Einheit mehr als 7 Toyota- und 3 Lexushändler haben darf. Im Februar '97 wurde der erste Toyotahändler von Republic gekauft (in Miami und in Houston). Im April '97 versuchte Toyota das gerichtlich zu verhindern. Ende Juli '97 kündigte Republic die Akquisition weiterer Händler an. Es folgten dann Verhandlungen mit verschiedenen Händlern zwischen Republic und den Händlern, die von Toyota mehr als nur kritisch gesehen werden. Toyota betrachtete die Akquisitions- und Kauftätigkeiten von Republic als eine Attacke auf das Toyota-Netzwerk und war auch bereit, diese vor Gericht abzuwehren. Beide Parteien sagten am 21. August öffentlich im Fernsehen, daß sie sich lieber am Verhandlungstisch als vor

Gericht treffen möchten. Dieses geschah dann auch am 25. August mit dem oben beschriebenen Ergebnis.

Hierin zeigen sich die harten Bandagen, mit denen derzeit auf dem amerikanischen Markt um das Autobusiness gekämpft wird. Gleichzeitig ist es ein Beleg für die hohe Attraktivität und die hohen Profitaussichten für Unternehmen, die ihren Wert an der Börse steigern möchten. Es scheinen Unternehmen zu sein, die ihre Kompetenz im Handel auf den Automobilhandel erweitern wollen, um hier in einem System, das extrem hohe Vertriebskosten produziert, profitabel tätig werden zu können. Die Profitabilität resultiert hier offenbar aus zwei Quellen. Zum einen werden durch die Größenvorteile und die Übernahme der Best-Practice-Ideen Kostenvorteile auf der Vertriebsseite erreicht. Zum zweiten ist durch die Beherrschung von z.B. Metro-Märkten bzw. Wirtschaftsregionen eine Durchsetzung von Preisen möglich, wie das bisher bei dem ruinösen Preiswettbewerb zwischen den Händlern gleicher Marke nicht der Fall ist. Zum dritten baut sich hier eine Handelsmacht auf, die auf Dauer in der Lage ist, dem Hersteller bzw. Importeur gegenüber die Einkaufspreise zumindest in Grenzen zu diktieren. Dieser für den Hersteller gefährlichen Entwicklung ist Toyota auf die beschriebene Art und Weise zumindest teilweise auf dem amerikanischen Markt entgegengetreten. Damit stellt sich Toyota auch vor das aus unabhängigen und inhabergeführten Handelsbetrieben bestehende Händlernetz.

6 Die Zukunft des US-amerikanischen Automobilmarktes und Empfehlungen an deutsche Händler

Ein Beitrag von Tony Noland, Marketing Manager, NCM, Kansas City

Tony Noland ist Marketing Manager bei der Unternehmensberatung NCM in Kansas City, Missouri. Er war selbst erfolgreicher Geschäftsführer eines sogenannten Mega-Dealers, dem sieben Autohäuser verschiedener Marken angehören. Tony Noland ist ein profunder Kenner des US-amerikanischen Automobilmarktes.

Die heutige Situation der US-Autohändler

Seit 1992 läuft das Automobilgeschäft für die meisten Hersteller und Importeure in puncto Verkäufe und Gewinne prima. Aufgrund hoher Verkaufszahlen, hoher Gewinne und niedriger Zinssätze geht es demzufolge den meisten Händlern in finanzieller Hinsicht sehr gut. Die meisten Händler verfügen über hohe Kompetenz im Bereich Unternehmensführung. Diejenigen Händler, die ihre finanziellen Mittel zur Mitarbeiterschulung verwenden, haben im großen und ganzen gute Management-Teams. Es war in der Vergangenheit schwierig, und es ist auch heute nicht leicht, die Automobilbranche für Arbeitskräfte attraktiv zu machen. Der Hauptgrund hierfür liegt in den langen Arbeitszeiten und dem unbefriedigendem Image.

Man muß auch sehen, daß der Wettbewerb im Verkauf und Service bei allen Händlern sehr intensiv ist. Die meisten Hersteller geben zu, daß es im US-Markt zu viele Händler gibt, die als Konsequenz hieraus gegeneinander konkurrieren, anstatt auf dem Markt aktiv zu agieren. Die Marken Saturn, Lexus und Infiniti begegnen diesem Problem, indem sie nur noch einen Franchisepartner pro Markt haben. Sehr große Märkte, wie zum Beispiel New York, Chicago oder Los Angeles haben zwei oder manchmal drei Franchisenehmer. Dennoch gibt es auch hier nicht zu viele Händler, die das gleiche Produkt verkaufen.

Ein weiterer wichtiger Punkt ist die Kundenloyalität, die heutzutage meiner Meinung nach zu einem Hersteller so gering wie noch nie ist. Die Kunden möchten für sich das beste Geschäft herausschlagen. Auch ist die Erwartungshaltung der Kunden so hoch wie noch nie. Es wird guter Service erwartet und wenn ein Händler einzig und allein guten Service bietet, ist das nicht ausreichend, um Kundentreue aufzubauen. Außergewöhnliche Serviceleistungen und sehr hohe Produktqualität sind das mindeste, was geboten werden muß, um auch nur annähernd an Kundentreue denken zu können.

Die Stärken und Schwächen der US-Händler

Ihre größte Stärke liegt im Verkauf, also darin, mit neuen und gebrauchten Fahrzeugen zu handeln. Auch auf dem Gebiet der Kundenorientierung sind sie gut. Schon lange bevor die Hersteller begannen, über den Kundenzufriedenheitsindex und dessen Messung zu diskutieren, haben sich die US-amerikanischen Händler erfolgreich um die Wünsche ihrer Kunden gekümmert. Erst nachdem die Hersteller die Kunden darüber aufklärten und mit Untersuchungen diesbezüglich begannen, stieg das Niveau des Zufriedenheitsindexes.

Die Schwächen liegen bei unseren Händlern meiner Meinung nach im Bereich Personal. Es ist schwierig, neue Verkaufs- und Servicetalente für die Arbeit in einem Autohaus zu gewinnen.

Die Zukunft des Automobilmarktes in den USA

Die meisten Franchisegeber haben, wie bereits erwähnt, zu viele Händler im Markt. Ich bin davon überzeugt, daß es in der Zukunft verstärkt zu einem Rückgang in der Anzahl der Händler kommen wird. Dieser Rückgang wird auf verschiedene Art und Weise vollzogen: Erstens durch Fusionierung; zweites dadurch, daß in einigen Verkaufsgebieten vom Hersteller Betriebe geschlossen werden und drittens dadurch, daß manche Händler ihre Geschäftstätigkeit einstellen werden und der Hersteller hier keinen neuen Händler einsetzen wird.

Darüber hinaus glaube ich, daß es noch mehr sogenannte Auto-Malls geben wird. Die Malls sind riesige Verkaufszentren, in denen eine Vielzahl von Automarken angeboten werden. Da stehen dann die Fahrzeuge nicht nach Herstellern sortiert, sondern nach Themen, z.B. Geschäftsfahrzeuge, Freizeitautos usw. Ich bin der Überzeugung, daß in den USA der zukünftige Markt Platz für einige weitere solcher Auto-Malls bietet. Die Kunden möchten heutzutage nur noch einen Ort aufsuchen und dort ein Angebot aus vielen Marken vorfinden.

Ich möchte noch einen weiteren Punkt anführen: Soweit man im Moment den Zukunftsmarkt prognostizieren kann, wird die Mehrheit der US-Bevölkerung immer älter. Wirkliches Kopfzerbrechen wirft die Frage auf, ob diese Kunden weiterhin in der gleichen Regelmäßigkeit wie in der Vergangenheit Neuwagen kaufen werden, oder ob sie sich stattdessen nicht lieber Gebrauchtwagen der neueren Modelle zulegen werden. Da derzeit viele Hersteller sehr aggressiv auf dem Leasingmarkt auftreten, werden in absehbarer Zukunft im Gebrauchtwagenmarkt sehr viele neue Modelle mit nur geringer Kilometeranzahl angeboten. Somit wird dem Neuwagenkäufer eine sehr rentable Alternative geboten, nämlich ein fast neues Fahrzeug mit besserer Ausstattung, als man sie für sich selbst bestellt hätte, plus einer verlängerten Garantiezeit.

In den USA werden wir mit einem Trend in Richtung „Riesengeschäfte und Super-Einkaufszentren" konfrontiert. Diese Händler verkaufen fast alles. In den „WalMart Super Centern" kann man beispielsweise Bekleidung, Lebensmittel, pharmazeutische Produkte, Sportartikel, Autoteile und noch vieles mehr kaufen; gleichzeitig wird beim Auto der Kundendienst gemacht, etc.

In Kansas City gibt es ein großes Sportgeschäft, das fast alles an Sportbekleidung oder Sportartikeln verkauft, was es auf dem Markt gibt. Wenn Sie ein Paar neuer Wanderstiefel anprobieren, gibt es ein kleines, nachgebautes Gebirge, in dem Sie umherwandern können, um die Schuhe auszuprobieren. In der Campingabteilung gibt es eine riesige Fläche, auf der man Zelte, Schlafsäcke, etc. testen kann. Es gibt auch eine Steinmauer zum Klettern.

Wenn man dies mit der Automobilindustrie in Verbindung bringt, glaube ich, daß eines Tages ein mit sehr viel Kapital ausgestatteter Händler eine sehr große Ausstellungsfläche für Fahrzeuge haben wird; außerdem eine Teststrecke, um den Wagen unter bestimmten Bedingungen probezufahren, eine parkähnliche Fläche, wo man sich aufhalten kann, um sich den Kauf des Fahrzeugs genauer zu überlegen, während der Wagen neben einem steht ... Ich glaube, das wäre eine fast perfekte Autowelt.

Zukünftig wird es für den einzelnen Händler einen viel größeren Finanzbedarf als heute geben. Ein unabhängiger Händler, der also nicht zu einem großen Konzern gehört, wird, um im Markt bestehen zu können, aggressiv auftreten müssen: Dies gilt für die Bereiche Werbung, Löhne und Gehälter und für die Betriebsstätte.

Was die Zukunft betrifft, so macht sich der Durchschnittshändler heute große Sorgen. Seit 1995 sind viele finanziell gut ausgestattete Unternehmen, die nicht im Automobilbereich zu Hause sind, in das Automobilgeschäft eingestiegen. Diese Unternehmen sind in New York an der Börse notiert und haben Zugang zu immensen Geldbeträgen. Sie beabsichtigen, sich ihre Vorteile hinsichtlich Geld und Kapital zunutze zu machen, um weitere Größenvorteile zu erzielen. Gemeint sind hier der Kauf von Werbemitteln, die Kreditaufnahme zur Finanzierung von Fahrzeugbeständen, (Finanzierung eines Warenlagers), der Einkauf von Hilfs- und Betriebsstoffen wie Büromaterialien, Öl, Farbe, etc. Der Durchschnittshändler in den USA muß mehr Kundenorientierung zeigen und auch mehr Geld in die Schulung und die Führung des Personals investieren, um überleben zu können.

Wie bereits erwähnt, wird es zukünftig weniger Händler geben, die einen Markt bedienen. Somit wird der Wettbewerb zurückgehen. Für die unabhängigen Händler bedeutet dies, daß sie mehr als nur niedrige Preise und guten Service bieten müssen, um im Markt wettbewerbsfähig zu bleiben. Darüber hinaus spielt natürlich die Kundenloyalität eine große Rolle, denn die ist bei uns sehr gering.

Was die Zukunft anbelangt, sehe ich kaum eine Veränderung im Loyalitätsverhalten der Kunden. Es gibt zu viele gute Produkte und Händler, die guten Service anbieten. Die Kunden werden zuerst das preisgünstigste Produkt kaufen.

Was wir heute unseren Klienten raten, wenn es um die Frage der Zukunft geht

Ich persönlich kann jedem Händler nur raten, sofort zu handeln. Fangen sie noch heute damit an, Ihr Personal zu schulen und arbeiten Sie an der

178

Personalentwicklung. Bieten Sie Personen, die Schlüsselfunktionen innehaben, Anreize, die sicherstellen, daß sie zukünftig im Unternehmen bleiben. Da qualifiziertes Personal Mangelware ist, sind größere Händler wahrscheinlich in der Lage, höhere Gehälter zu bezahlen und können somit unabhängigen Händlern „Schlüsselkräfte" abwerben.

Zusätzlich sollten sie daran arbeiten, neue wichtige Serviceleistungen, wie beispielsweise ein umfassenderes Serviceangebot der Kundendienstabteilung und verlängerte Öffnungszeiten des Ersatzteillagers einzuführen. Starten Sie einen Sofort-Service für Ölwechsel. Bieten Sie einen Transport- oder Shuttle-Service für Kunden an, die ihr Fahrzeug zur Inspektion bringen.

Wenn ein Händler noch nicht im Gebrauchtwagengeschäft tätig ist, muß er noch heute in dieses Geschäftsgebiet einsteigen. Wie erwähnt, könnte es bereits in naher Zukunft rückläufige Verkaufszahlen im Bereich Neuwagen geben und die entgangenen Verkäufe müssen durch Gewinne im Bereich Gebrauchtwagenverkauf wettgemacht werden.

Was der deutsche Unternehmer von seinen amerikanischen Kollegen lernen kann

Beschaffen Sie sich Personal für die Schlüsselpositionen Ihres Unternehmens, schulen sie die Mitarbeiter und bieten Sie ihnen durch das Anbieten einer beruflichen Laufbahn die Möglichkeit, in die Zukunft zu investieren.

Konzentrieren Sie sich darauf, einen Kundenstamm durch Leasing aufzubauen. Am Ende der Leasingperiode muß der Kunde in die Niederlassung kommen, um den Wagen an den Händler zurückzugeben; das gibt dem Händler die Möglichkeit, ihn wieder als Kunde gewinnen zu können.

Bauen Sie einen gut funktionierenden Gebrauchtwagenmarkt auf. Erarbeiten Sie sich einem guten Ruf hinsichtlich schöner und sauberer Gebrauchtwagen zu vernünftigen Preisen.

Stellen Sie einen Plan auf, der gewährleistet, daß alle Lagerbestände schnell und gewinnbringend umgesetzt werden. Studien in den USA brachten zutage, daß die Händler, die ihre Lagerbestände schnell umsetzen, höhere Nettogewinne erzielen.

Entwickeln Sie ein sogenanntes „Relationship Marketing Programm" um die geschäftlichen Beziehungen zu intensivieren. Hierbei handelt es sich um ein Programm, das Marketingaktivitäten hinsichtlich Verkauf und Service für den bereits existenten Kundenstamm eines Händlers bietet. Da der Fahrzeugbesitzer den Händler kennt, ist die Wahrscheinlichkeit größer, daß er wieder als Kunde gewonnen werden kann. Der Händler kann spezielle Finanzierungs- und Serviceleistungen anbieten, Ersatzteil-Sonderaktionen starten, etc. Eine Möglichkeit zur effizienten Nutzung von Werbegeldern im „Relationship Marketing Programm" besteht beispielsweise darin, der Kundendienstabteilung einen bestimmten Geldbetrag für Geschenke an treue Kunden, zum Beispiel für Öl und Ölfilter zur Verfügung zu stellen. Häufig erreicht man durch ein persönliches Dankeschön an den Kunden und durch das Bezahlen eines Ölwechsels viel mehr, als durch das Ausgeben weitaus höherer Summen für Rundfunk- oder Zeitschriftenwerbung.

Veranstalten Sie von Zeit zu Zeit Gruppendiskussionen mit Kunden, um herauszufinden, was ihnen an Ihrem Autohaus gefällt beziehungsweise mißfällt. Nutzen Sie die Ergebnisse solcher Kundenveranstaltungen zur Verbesserung Ihrer Organisationsstruktur.

AUTOHAUS Formulare auf einen Blick

Neufassung:
Verkäufervertrag
Der maßgeschneiderte Vertrag für die Einstellung von Automobilverkäufern. Inhalte: Einstellung und Vertragsdauer, Entgelt, Arbeitsunfähigkeit, Schluß-vereinbarungen.
Anstellungsvertrag für Automobilverkäufer (ZDK 481), DIN A4, Bestell-Nr. 6151

Neufassung:
Gehaltsvereinbarung
Der Anhang zum Anstellungsvertrag für Automobilverkäufer. Vereinbarung über Fixgehalt. Provisionsvereinbarungen für den Verkauf von Neu-fahrzeugen, Anhängern u. a. Außerdem Provisionsermäßigungen und Regelungen bei Vermittlung von Versicherungsabschlüssen.
Gehaltsvereinbarung (ZDK 481), DIN A4, Bestell-Nr. 6152

Neufassung:
Anstellungsvertrag
In der neuen Version wird nicht mehr zwischen Angestellten und Arbeitern unterschieden. Das entspricht den aktuellen gesetzlichen und tarifvertrag-lichen Gegebenheiten.
Anstellungsvertrag (ZDK 483), DIN A4, Bestell-Nr. 6153

Neufassung.
Personalfragebogen
Der Personalbogen ist Bestandteil jedes Arbeitsvertrages! Neu ist die Frage nach der Aufenthalts- und Arbeitserlaubnis. Bei der Einstellung neuer Mit-arbeiter müssen Sie als Arbeitgeber darüber in Kenntnis gesetzt werden. Ansonsten wären Sie Maßregelungen gemäß OWiG ausgesetzt.
Personalfragebogen (ZDK 486), DIN A4, Bestell-Nr. 6155

Unser Formular-Programm umfaßt Endlossätze • Neuwagen- und Gebrauchtwagen-Formulare • Werkstatt-Formulare • Trägerbandsätze • Büro-Formulare • Individuelle Firmeneindrucke

Unverbindliche Muster erhalten Sie

AUTOHAUS Verlag
Robert-Bosch-Straße 7, 85521 Ottobrunn
Telefon 0180/ 525 16 25
Telefax 0180/ 599 55 66